BRUNO GIMENES

Nova Petrópolis/RS - 2020

Editorial:
Luana Aquino
Estefani Machado

Capa:
Marina Avila

Dados Internacionais de Catalogação na Publicação (CIP)

G491o Gimenes, Bruno J.
O Tratado da Prosperidade / Bruno Gimenes. – Nova Petrópolis : Luz da Serra, 2020.
208 p. ; 23 cm.

ISBN 978-85-64463-66-0

1. Autoajuda. 2. Prosperidade. 3. Sucesso. 4. Autoconhecimento. 5. Desenvolvimento pessoal. 6. Mudança (Psicologia). 7. Vida – Conduta. I. Título.

CDU 159.947
CDD 158.1

Índice para catálogo sistemático:
1. Autoajuda   159.947
(Bibliotecária responsável: Sabrina Leal Araujo – CRB 10/1507)

Todos os direitos reservados. Nenhuma parte desta obra pode ser reproduzida ou transmitida por qualquer forma e/ou quaisquer meios (eletrônico ou mecânico, incluindo fotocópia e gravação) ou arquivada em qualquer sistema ou banco de dados sem permissão escrita da Editora.

Luz da Serra Editora Ltda.
Avenida 15 de Novembro, 785
Bairro Centro
Nova Petrópolis / RS
CEP 95150-000
livros@luzdaserra.com.br
www.luzdaserra.com.br
www.loja.luzdaserraeditora.com.br
Fone: (54) 3281-4399 / (54) 99113-7657

Minha sincera Gratidão

Considero um livro publicado um projeto realizado por muitos. Então, dezenas de pessoas merecem ser lembradas neste momento. Agradeço demais ao Grande Espírito Criador por colocá-las na minha jornada, porque cada contribuição foi notável.

Na produção deste livro, três pessoas foram fundamentais e quero expressar a minha profunda gratidão.

GRATIDÃO ao meu mentor de negócios e amigo Sandro San por me fazer enxergar algo que não estava percebendo. É muito bom ter você como mentor.

GRATIDÃO ao meu amigo e Gerente de Negócios da Luz da Serra Editora, Daniel Camargo, porque o seu amor por servir é digno dos grandes seres e me inspira profundamente.

GRATIDÃO ao amigo Marcos Trombetta, incrível professor de mudança de paradigmas. Sua obra e seus ensinamentos me influenciam e me motivam. Sinceramente percebo que o impacto de seu trabalho me inspira tanto quanto grandes gurus da história da produção de riqueza. Você é um orgulho para o nosso país, por sua competência e paixão por ensinar.

PARA QUEM É ESTE LIVRO

– Pessoas que se obrigam a trabalhar com algo que não gostam para manter a vida financeira estável.

– Pessoas que não podem trabalhar com o que gostam porque a questão financeira tem impedido que elas atuem com sua vocação.

– Pessoas que se sentem soterradas e acabaram desanimando de buscar os seus sonhos, pois cederam às pressões do mundo.

– Pessoas que sabem que vieram ao mundo para muito mais, que podem dar muito mais. Contudo, não estão conseguindo e continuam se sentido subaproveitados pelo mundo. Elas sabem que podem oferecer muito mais ao mundo do que estão dando atualmente, mas não encontram um caminho.

– Pessoas que já fizeram cursos importantes, consumiram livros e muito conhecimento, mas não têm o apoio do marido ou dos familiares. Sentem que isso bloqueia seu caminho.

– Pessoas que tiveram que dar atenção aos filhos e acabaram se esquecendo de si mesmas. O tempo passou e perceberam que chegou a hora de retomar o tempo perdido.

– Pessoas que acreditam que o tempo passou e que não há mais chances de fazer nada extraordinário na vida e na prosperidade.

– Pessoas que dedicaram muita atenção e energia aos cônjuges e acabaram deixando suas metas em segundo plano, mas perceberam que é a hora de dar um basta, pois, agora, querem cuidar de si e de seus sonhos.

– Pessoas que estão lutando, lutando, lutando e não desistiram. Porém, a frustração é grande porque mesmo depois de tanto esforço as coisas não vão para outro nível.

– Pessoas que estão à base de remédios controlados pois tanta angústia e frustração com a prosperidade causaram muitos sofrimentos, e ficou difícil dar conta sem medicamentos.

– Empresários no teto da complexidade, pois mesmo com todo esforço e dedicação os negócios não decolam na prosperidade.

– Pessoas com a carreira travada, pois apesar de tanta energia, luta e dedicação as promoções não surgem, os aumentos não acontecem, os prêmios estão bloqueados e as oportunidades não aparecem.

– Pessoas cansadas de ouvir em todos os cantos por aí, a palavra Prosperidade, mas de alguma forma parece que se trata de algo impossível de alcançar PORQUE ela não se manifesta em suas vidas de forma prática.

– Pessoas que seguem na escassez. Mais um ano passou, e elas continuam com o dinheiro contado para pagar somente as contas, e ainda precisam apertar o cinto para honrar seus compromissos.

EU, BRUNO JOSÉ GIMENES, DEDIQUEI MUITO TEMPO, ENERGIA, ESTUDO, PESQUISA, APRIMORAMENTO, PARA TRAZER ALGO QUE MUDE COMPLETAMENTE A PROSPERIDADE NA SUA VIDA!

Confie, O Tratado da Prosperidade mudará drasticamente a sua história!

SUMÁRIO

PREFÁCIO - Nicolas Fürst 11

1 - AS TRÊS CONCLUSÕES INTRIGANTES
SOBRE A PROSPERIDADE 17

2 - A PROSPERIDADE É UMA DECISÃO 37

3 - A MOTIVAÇÃO PARA PROSPERAR 45

4 - A ARDILOSA CONSPIRAÇÃO
PARA DEIXÁ-LO POBRE 65

5 - AS CRENÇAS NEGATIVAS
ANTIPROSPERIDADE 85

6 - A CHAVE PARA CONQUISTAR TANTA PROSPERIDADE
QUANTO VOCÊ DESEJAR 101

7 - COMO USAR AS POSSIBILIDADES DA MATRIZ DIVINA
PARA CONQUISTAR SUAS METAS 115

8 - O FERMENTO DAS METAS
QUE PARECIAM IMPOSSÍVEIS 125

9 - *MINDSET*, A SINTONIA DA PROSPERIDADE 131

10 - MULTIPLIQUE A PROSPERIDADE 153

11 - CUIDADO, MUITO CUIDADO! 167

12 - CUMPRA O SEU TRATADO 181

13 - VOCÊ MERECE SER
TUDO AQUILO QUE PODE SER 185

PREFÁCIO

VOCÊ É TUDO O QUE PODE SER OU VOCÊ ESTÁ SENDO APENAS O QUE DÁ PARA SER?

Esta é apenas uma das várias perguntas provocativas que o Bruno fará para você neste incrível livro "O Tratado da Prosperidade".

É um livro que vai revelar verdades que poucos têm coragem de dizer aí fora... Vai fazer questionamentos que irão balançar as suas crenças e ideias preconcebidas sobre dinheiro, riqueza e prosperidade.

Por isso, desde já, uma advertência inicial se faz necessária: se você não quiser prosperar, se você não quiser manifestar abundância em todas as áreas da sua vida, se esta é a sua decisão...

Então, NÃO leia este livro agora... Sabe por quê?

Porque depois que você ler e aplicar os conceitos do livro "O Tratado da Prosperidade", a sua vida não será mais a mesma, isso eu posso lhe garantir...

E antes de eu continuar, deixa eu contar uma rápida história!

Lembro bem que o ano era 2010... Um grande amigo me entregou em mãos um livro, e me disse mais ou menos assim: leia, apenas leia este livro!

Eu olhei para a capa do livro, e de imediato fiquei com um pé atrás, sabe?

Aquela imagem da capa pareceu muito "dinheirista" para mim naquele momento...

Como eu confiava plenamente no meu amigo, eu li aquele livro (e li muito rápido – em poucas horas já havia terminado).

O resultado? Aquele livro foi o início de uma mudança brusca na prosperidade da minha vida e da minha esposa.

O meu amigo e eu acabamos criando silenciosamente um "pacto de prosperidade", sempre indicando livros um para o outro, fazendo cursos, trocando ideias...

E esse meu amigo foi além, muito além mesmo... Começou a espalhar essa mensagem para milhares de pessoas, ele próprio escrevendo livros, ministrando cursos (presenciais e on-line) e realizando palestras por este Brasil todo...

Ele verdadeiramente acredita que, quanto mais se ensina prosperidade para mais pessoas, mais a prosperidade retorna na sua vida... E é justamente este o motivo de eu e você estarmos aqui hoje!

Por que este grande amigo, o Bruno Gimenes, decidiu compartilhar o inovador conceito de você criar o seu Tratado da Prosperidade?

Olha, eu conheço o Bruno há mais de 10 anos, e posso afirmar, sem dúvida alguma, que ele é a pessoa que eu conheço que mais estuda e coloca em prática os ensinamentos ligados à prosperidade, ao propósito de vida e à espiritualidade.

Eu vi diante dos meus próprios olhos a prosperidade se manifestar de maneira abundante na vida pessoal dele e da empresa da qual ele é sócio.

E, neste exato momento, ao acabar de ler "O Tratado da Prosperidade", vi que o Bruno conseguiu trazer todos os elementos necessários para você também manifestar a prosperidade definitiva na sua vida!

Este livro é um treinamento completo, um passo a passo seguro, simples e prático para você atingir a prosperidade definitiva.

Na verdade, quando nós falamos em livro, logo pensamos apenas no ato solitário de ler, não é mesmo?

Porém, ao "ler" este Tratado, você terá a real sensação (ao menos comigo foi assim!) de estar sendo guiado por um mentor, como se ele estivesse conversando pessoalmente com você.

Você terá acesso a informações poderosas, como, por exemplo, descobrir qual é o seu DNA para prosperidade, ou quais são os 12 elementos do *Mindset* da Prosperidade. Você entenderá por que a prosperidade é um estado de consciência e quais são os 2 níveis da prosperidade (na minha opinião, não conhecer o 1º nível é um dos maiores erros que você pode cometer na sua vida!)

Lembra lá no início quando eu falei em provocativo e revelador?

O Bruno vai lhe apresentar conceitos profundamente verdadeiros (nem por isso menos polêmicos) sobre pobreza, pecado e riqueza!

Você conhecerá os maiores Erros e Armadilhas que bloqueiam e sabotam o seu fluxo de prosperidade, e o principal...

Você irá descobrir uma conspiração ardilosa, fatal e silenciosa que fará você entender por que a prosperidade ainda não se manifestou (ou não aumentou) na sua vida!

E é claro que tem muito, muito mais!

Minha dica para você?

Comece agora mesmo, aproveite cada palavra, cada ensinamento, e, como o próprio Bruno diz: "não seja apenas o que dá pra você ser, seja tudo o que você pode ser!"

Agora é com você, é continuar **HAD** para não cair na 7ª armadilha que o Bruno revela neste poderoso livro!

*Você sabe o que é **HAD**? Descubra neste livro!*

Grande abraço, e uma ótima leitura!

Nicolas Fürst (Nico)
Procurador Federal

O **maior pecado** que você pode cometer é o de *não ser* tudo aquilo que **você pode ser,** o de *se contentar* com a **mediocridade.**

@brunojgimenes
#otratadodaprosperidade

1

AS 3 CONCLUSÕES INTRIGANTES SOBRE A PROSPERIDADE

(só que não!)

Acordei do meu jeito típico e bem-humorado. Já era a terceira vez que a minha mãe gritava da cozinha: "Filho, você vai se atrasar". Eu ainda morava com meus pais e sentia a segurança de que se eu desse um tapa no despertador, minha mãe querida estava de olho para ter certeza que eu não perderia a hora. Hoje eu sinto um pouco de vergonha ao me lembrar que, mesmo aos vinte e dois anos, minha mãe estava sempre fazendo tudo por mim, e eu não percebia o quanto era folgado.

Já tive longas conversas com ela sobre como tenho vergonha daquela fase.

Apesar disso, eu sempre fui muito responsável e obstinado no trabalho, e mesmo sentindo que minha carreira não estava alinhada com a minha essência, eu enfrentava a vida, que é o que os adultos fazem (pelo menos era o que as pessoas à minha volta me faziam acreditar).

Logo ao acordar eu já sentia aquelas alfinetadas no coração, além de uma constante e aterrorizante perturbação de que meu trabalho parecia um pacto com o "coisa ruim".

Por que eu digo isso? **Porque sinceramente caí numa cilada. Fui convidado para trabalhar em uma empresa que parecia ser o "céu", mas, na verdade, foi o "inferno".**

Fiquei tão iludido com o convite que me fizeram que nem deixei o meu "desconfiômetro" dar sinais de que algo estava estranho.

Então, comecei a ver cada coisa que feria minha essência, em termos de falta de respeito, gentileza e humanidade. Cada dia que passava aquilo me intoxicava mais.

No Brasil, estávamos vivendo uma fase ruim na economia, **o que me fez acreditar que eu não tinha melhores opções de trabalho.**

Eu olhava o cenário de crise e desaceleração no mercado, e adotava essa percepção como verdade absoluta, porque *eu acreditava muito nisso*.

> Consequentemente, eu atraía e replicava mais da mesma impressão de crise.

Talvez você já tenha passado por isso ou esteja passando agora. Estou falando de uma sensação de não estar no trabalho certo, mas, por outro lado, uma forte insegurança de não ser capaz de conseguir algo melhor.

Eu sentia essa insegurança e, por isso, fui me mantendo no trabalho, mas também fui pagando o preço de me machucar por dentro, aguentando algo que eu odiava, para manter os compromissos e sustentar a minha vida.

Eu estava nessa.... Eu via o cenário, eu acreditava na realidade que eu percebia (o meu mundo) como algo real e determinante, então atraía e replicava mais e mais.

A partir disso, algumas coisas muito graves aconteceram, e eu literalmente pirei... Não dava mais, eu tinha chegado ao meu limite.

Comecei a sofrer mais e mais. Minha imunidade piorou e meu corpo gritava pedindo socorro. Minha mente estava confusa, eu me sentia sugado, desvitalizado, sem foco e totalmente desmotivado.

Eu estava perdido. Sabia que tinha de mudar, sabia que minha vida precisava de algo drástico, mas *não conseguia agir*.

Curioso, né?

Eu estava sofrendo demais, surtando e, mesmo assim, não tinha forças para sair do lugar!

Meu Deus, eu estava no inferno, **nada podia ser pior**, mas, apesar de tudo isso, eu não conseguia agir.

O pior é que eu já tinha alguma base no caminho do desenvolvimento pessoal, já possuía muitas receitas de vida e conhecia alguns ensinamentos que podiam me ajudar. Porém, eu não conseguia colocar nada em prática.

Nessa época, por vezes, eu me cobrava por me sentir **100% perdido**, mas também me culpava por não conseguir fazer nada para sair dessa situação, apesar de ter noção do que podia ser feito. Eu já tinha uma ideia daquilo que seria o método certo para sair da crise. Mesmo assim não fazia. *Eu estava bloqueado.*

Eu entendo que são sentimentos humanos naturais, mas sempre acreditei que sofrer é inevitável, porém a quantidade de dor é uma escolha.

A dor era muito grande, não conseguia mais pensar em outra coisa a não ser o quanto estava infeliz e contrariado.

Então, decidi fazer algo simples, porém poderoso. É que eu sempre tive o hábito da prece, e por isso **comecei a rezar muito**. Eu tinha tanta dor no meu coração, tanta angústia e vazio existencial que não foi difícil transformar isso numa espécie de fé ardente, quase desesperada. Eu me lembro que eu

> do meu jeito, sem uma oração específica

me entregava em **orações fervorosas** carregadas de muita dor e desespero.

Em poucos meses, muitas coisas aconteceram. Desliguei-me da "empresa inferno" e acertei o que precisava para me mudar para o Rio Grande de Sul em um novo desafio profissional.

Foi uma oportunidade em uma empresa incrível, na minha vida e carreira, que virou definitivamente aquela página sobre trabalhar com algo que eu não estava alinhado. A empresa era extremamente humana e o ambiente de trabalho era acima da média.

Eu estava no céu...

Comecei a morar sozinho, aprendi a ser responsável por mim, minha casa, minhas roupas, minhas coisas. Fui ficando mais centrado e cada vez mais "bom moço" (*lavava, passava, cozinhava, etc.*).

Eu estava com uma vida muito legal, crescendo na empresa, sendo respeitado e valorizado. Tudo fluía da melhor forma possível, e essa história poderia se encerrar com um período de sucesso extremo, **certo?**

Mais de um ano se passou e aquele danado vazio no peito começou a nascer de novo. Cada dia que passava ele aumentava de tamanho.

> Posso dizer que funcionou muito bem...

> ERRADO!

E, dessa vez, *eu não tinha a quem culpar*. Nem um diretor e nem uma suposta "empresa inferno". Eu tinha tudo o que uma pessoa com vinte e três anos na minha geração podia querer ter. Carreira, amigos, dinheiro, carro, liberdade, mas eu não era feliz.

Mais uma vez me sentia sem rumo, incompleto. E a sensação piorava porque as pessoas se diziam admiradas com a minha vida. Quando eu recebia esse elogio, ficava desconcertado, porque eu sabia que não merecia, porque me sentia um impostor. Eu me sentia um "M" porque eu recebia elogios da mentira que eu vivia.

> E o vazio no peito só aumentava.

Mais uma manhã acordava com a disposição zero! Eu sentia umas alfinetadas por dentro, uma sensação que um monstro vivia dentro de mim e que, especialmente nas manhãs antes do trabalho, ele se rebelava, e como um *alien* aprisionado no meu peito, ele dava socos de dentro para fora, para ver se conseguia escapar.

Acredito que tinha tudo a ver com decepção, afinal, eu finalmente tinha o emprego dos meus sonhos, mas não era feliz... Pior que isso, **eu não era eu mesmo.**

> Era uma dor, misturada com revolta e pitadas de algo difícil de explicar...

Então, eu acionei o que chamo de "*Basta Moment*"! E disse "Chega! Não aguento mais, não é possível!". Vou resolver essa M de uma vez por todas, e nunca mais vou ficar refém desse sentimento horrível!"

Eu comecei a "dar tiros" para todos os lados! A verdade é que eu não tinha direção certa, e talvez por isso as coisas demoraram tanto para engrenar, mas eu estava brigando contra todos os sintomas.

Eu fiz cursos e mais cursos. Alguns revolucionaram a minha vida, outros só me fizeram perder tempo e dinheiro. Eu testei métodos, li centenas de livros sobre o assunto, pratiquei muitas modalidades de exercícios.

Quanto eu digo que li, quero que você saiba que elaborava verdadeiros resumos de cada uma das obras, com tópicos importantes, pontos positivos e negativos. Fiz estudos aprofundados e me dediquei ao extremo.

Aí começou uma primeira e significativa virada na minha vida. Depois de mergulhar fundo nos estudos, o que aprendi realmente mudou minha vida, meu humor, minha imunidade, minhas emoções e muito mais.

Os amigos começaram a reparar. Eu sempre contava a eles o que estava aprendendo e muitos deles ficavam interessados em testar os métodos. **A verdade é que tive muitas cobaias.**

Em pouco tempo, eu estava atendendo pessoas em um consultório improvisado na minha casa.

Naturalmente eu senti um chamado para abandonar a minha carreira sólida na indústria, como químico, para me tornar terapeuta e palestrante.

E os métodos que aplicava iam impactando um incrível grupo de pessoas com as técnicas que eu fui desenvolvendo, adaptando e criando.

Eu gostaria de encerrar a história aqui e dizer que tudo deu certo e que foi final feliz! Ai, meu Deus... Sei que está ficando dramático, mas a verdade é que eu dei um grande tiro no pé! Deixa eu explicar.

Embora eu amasse o que fazia e estivesse muito feliz com a minha nova carreira, eu não prosperava. Eu não sabia cobrar pelo meu trabalho, estava cheio de bloqueios e autossabotagens que me impediam de ser bem-sucedido na área financeira. Em resumo, eu não tinha a real prosperidade, que é a união da saúde (*estava incrível*), de pessoas amorosas e novidades (*estava incrível*) com a riqueza manifestada financeiramente (*estava um desgosto total*).

É que, na época, eu não percebia que estava totalmente envolvido pela conspiração RPR, que vou explicar mais adiante. Talvez essa conspiração seja a grande responsável hoje por você também não prosperar, ficar rodando em círculos ou por sentir que nem todo o esforço do mundo é suficiente para você criar prosperidade real na sua vida.

E eu não tinha mais como voltar atrás! Era uma questão de honra. Eu precisava desvendar esse segredo, que era a última peça do quebra-cabeças da prosperidade. A pergunta que eu tinha em mente era: **"O que falta para eu manifestar riqueza?"**

Eu trabalhava duro, eu ajudava pessoas, eu tinha clientes, e mesmo assim nem todo esforço do mundo manifestava riqueza. Será que eu tinha algum problema?

Eu cheguei a pensar que a prosperidade não era para mim e que tinha que me conformar.

Eu cheguei a pensar que era muito novo e que teria que esperar. Também cheguei a pensar que era porque estava muito velho e já tinha desperdiçado tempo demais.

Cheguei a conclusões:

"Escolhi a carreira errada", "É culpa da crise", "Eu não sei lidar com dinheiro e acho que nunca vou aprender", "É Karma e vou ter que aguentar", "Minha missão deve ser ajudar aos outros de graça", etc.

...mais tarde, descobri que eram mitos

Eram tantas crenças e pensamentos. Porém, uma crença positiva, entre tantas negativas, foi muito poderosa para a minha virada de jogo: "Não vou desistir até aprender o segredo da real prosperidade".

Passei por uma fase obscura. Precisei vender o carro, e a família teve que me socorrer financeiramente. Quase passei fome, senti a humilhação das pessoas me olhando com cara de pena pelo que eu estava fazendo com a minha vida (visão de algumas pessoas que me procuravam). Eu joguei meu padrão de vida lá embaixo, quase cai no fundo do poço com dívidas e autoestima ferida. Mas não desisti.

As coisas começaram a fazer sentido e os resultados, ainda que tímidos, começaram a se manifestar. A manifestação da riqueza, a última chave da completa prosperidade, enfim surgia.

Desde que larguei a carreira de químico até que a prosperidade se manifestasse foram sete longos anos de privações e escassez. Sei que sete anos não é muito, mas, nesse caso, foi um período de provações. Quase todos diziam que eu estava errado. Alguns riram de mim por ter trocado a carreira sólida de químico para a vida como terapeuta. As pessoas me diziam: "Você cuida de todo mundo, só não cuida de si mesmo". Em parte, elas tinham razão, porque eu realmente agi errado do ponto de vista das leis da prosperidade. Mas também quero lembrar que falar que foram sete longos anos é uma forma de lembrar que você jamais pode se acostumar com uma vida medíocre (mediana).

Eu não parei de estudar e me aprimorar.

Quando todo o conhecimento que adquiri, somado à experiência que vivi, começou a fazer sentido, tive **3 CONCLUSÕES TRANSFORMADORAS**.

De tão transformadoras e, de certa forma, intrigantes que foram essas conclusões, eu as classifiquei em 3 tipos de efeito em minha vida: impactantes, alarmantes e, por último, decepcionantes.

AS 3 CONCLUSÕES TRANSFORMADORAS

Conclusões Impactantes, porque, ao utilizar as chaves certas de um método que ficou claro e simples na minha mente, tanto eu quanto os meus consultantes começaram a experimentar resultados preciosos com ações muito simples. Esse é o conceito de *small shifts*. Quer dizer que, em muitos casos, mudanças extremamente simples podem causar profundas transformações.

Conclusões Alarmantes, porque fiquei 100% consciente da conspiração silenciosa terrível que atua em toda a população mundial e que é a grande responsável em manter 95% da população infeliz, doente e pobre. Eu sei que as palavras são fortes, então, eu só lhe peço um pouco de paciência e que confie em mim, pois no Capítulo 4 eu vou dar detalhes de como essa conspiração atua na sua e na minha vida, e também o que fazer para se proteger dela, bloqueando suas influências destruidoras e nefastas.

Conclusões Decepcionantes, porque eu fiquei atormentado pelo fato de que eu poderia ter sofrido menos. Eu poderia ter a prosperidade que tenho hoje, que é crescente e saudável, de uma forma muito mais simples e muito, muito, muito mais rápida. Poderia ter poupado dor!

Eu não tenho mais como entrar em uma cápsula do tempo e mandar uma mensagem para mim mesmo sete anos antes do momento em que a prosperidade começou a brilhar para mim. Mas você tem tempo para que o seu caminho seja muito mais rápido daqui para frente.

Se você está começando agora, ótimo! Se você já deu murro demais em ponta de faca, chega! Este é o seu momento, basta!

Agora eu estou pronto, preparado para lhe mostrar o seu caminho de riqueza e abundância. Eu vou lhe mostrar como você pode criar um Tratado pessoal para a sua prosperidade brilhar em todos os sentidos.

O método que desenvolvi é claro, simples e qualquer pessoa pode colocá-lo em prática.

Mesmo que você esteja com as mesmas preocupações que eu também estava:

> que era novo ou velho demais; que tinha escolhido a carreira errada; que me faltava alguma formação; que era impossível prosperar na crise, que eu tinha que aceitar a escassez; que na minha família nunca ninguém havia ficado rico, e por isso eu não conseguiria; que minha missão era ajudar os outros sem poder fazer dinheiro com isso; que teria que me matar para prosperar, e isso feria meu valores; que era contra Deus prosperar; que só quem passava por cima dos outros podia ter riqueza; que era impossível ser próspero com a minha baixa disciplina financeira; **e por aí vai!**

Eu tinha essas e muitas outras preocupações e crenças. Mas posso adiantar que o que eu desenvolvi ao longo desses anos vai mudar radicalmente a sua prosperidade independente desses pensamentos.

Esqueça-os, tudo o que você precisa é ter acesso ao método que está **neste livro** para fazer um Tratado definitivo com a sua prosperidade.

> Eu coloquei todo meu amor, meu empenho e minha dedicação, fruto de mais de 16 anos de trabalho e pesquisa nesse caminho do desenvolvimento pessoal.

São estratégias e conceitos disruptivos, inovadores, pouco conhecidos e alguns até polêmicos, confesso.

Os mesmos conceitos que me proporcionaram a vida que tenho hoje como escritor, autor de 20 livros. Alguns deles aparecendo entre os mais vendidos da Revista Veja.

Sou cofundador da Luz da Serra, uma instituição de transformação pessoal referência no mercado de desenvolvimento pessoal que, junto com meus sócios e colaboradores, já atingiu mais de 30.228 alunos (até o momento da publicação deste livro). Nossas redes sociais e sites na internet são acessadas por milhares de alunos todos os dias. Somente em nosso canal do YouTube são mais de 31 milhões de visualizações por ano.

A verdade é que eu amo a vida que tenho, a história que construí com meus sócios Patrícia e Paulo Henrique na empresa que fundamos, o casamento incrível que tenho com minha esposa Aline e a realidade que vivo, fazendo o que mais amo.

Eu posso dizer que eu consegui conquistar a vida que tenho porque aprendi a utilizar o método do Tratado da Prosperidade sistematicamente em cada novo passo ou desafio.

Assim, a minha prosperidade de hoje não foi obra do acaso, ela foi conquistada com um passo a passo, um caminho que vou compartilhar com você nas próximas páginas.

www.luzdaserra.com.br

Então, antes de continuar, eu quero combinar com você algo simples, porém importantíssimo.

Eu lhe mostro tudo o que organizei ao longo dos anos sobre manifestar a prosperidade e você se dedica a ler o livro sem distrações e aplicar na sua vida. É só isso o que peço! Que confie e teste você mesmo!

COMBINADO?

Você vai ter acesso ao Tratado da Prosperidade! Um conteúdo poderoso e direto ao ponto, com estratégias para você mudar esse jogo e viver a vida que você sempre sonhou, COMEÇANDO AGORA!

O Tratado da Prosperidade é o que você estava esperando para se tornar o Criador da Sua Realidade. Você saberá, com toda autonomia e segurança, o passo a passo seguro para criar a realidade que você sempre imaginou (e até muito melhor que já imaginou) e dar início à vida dos seus sonhos.

Neste livro, que é um treinamento completo sobre como ter prosperidade definitiva, eu vou descortinar todos os erros a serem evitados. Eu ainda vou lhe conduzir em um caminho certo e seguro para você fazer uma ==revolução na sua prosperidade e na conquista das suas metas==. Se sua prosperidade está bloqueada, você vai aprender como sair do zero ou mesmo do fim do túnel.

Se a sua prosperidade já é razoável e você já conquistou muita coisa, aprenderá a multiplicar, crescer e fazer a abundância se manifestar.

Eu vou mostrar o caminho simples, que pessoas comuns estão aplicando com resultados espetaculares.

Quando eu terminar de mostrar os erros que as pessoas cometem e o passo a passo, eu posso apostar que você vai dizer:

"Se é tão simples assim, porque não ensinam isso nas escolas, nas faculdades, na TV, no rádio ou nos jornais?"

O fato é que você mesmo vai poder descobrir essa resposta por conta própria durante a sua leitura. Infelizmente o motivo é assombroso.

VOCÊ LIGOU O DESCONFIÔMETRO?

Minha mãe sempre me dizia: "Bruno, liga o desconfiômetro que tem algo errado aí". A Dona Vera dizia isso quando, na minha infância e adolescência, eu contava algo que ela desconfiava ser "uma furada". Confesso que me lembro como se fosse hoje, e eu incorporei esse hábito de ligar o "desconfiômetro" sempre quando vejo alguma promessa que parece boa demais.

E, se você está achando isso tudo que estou dizendo bom demais para ser verdade, não tiro sua razão. Eu também ficaria desconfiado a princípio, principalmente se eu não tivesse visto nada a respeito ou se não pudesse comprovar por mim mesmo. Por isso, se eu mesmo não tivesse visto os resultados na minha vida, com meus sócios, com milhares de alunos e consultantes que utilizam o exato método desde muito tempo, provavelmente eu não acreditaria, ou no mínimo ficaria desconfiado.

E é apenas um método que qualquer um pode aplicar, mas que poucas pessoas conhecem.

Então, antes que você possa pensar que eu estou exagerando, veja alguns resultados de pessoas que já tiveram acesso ao que eu estou falando:

> Conheci o Luz da Serra em meio a uma vida caótica. Depois que comecei a estudar prosperidade, consegui em uma semana arrumar um apartamento alugado no mesmo prédio onde morava. Hoje, pago o aluguel sem atrasar um dia sequer. Meus filhos arrumaram trabalho e moram sozinhos cada um em sua casa. Consegui arrendar um sítio e comprar 20 cabeças de gado para o meu marido trabalhar. Agora estamos arrendando uma fazenda de 60 hectares e temos 70 cabeças de gado. A prosperidade está brilhando em nossas vidas.
>
> No meu trabalho, tenho clientes em abundância, e dezembro de 2017 foi o melhor mês de minha vida

profissional. Já tenho algum dinheiro na poupança. Emagreci 20 quilos até agora. Não tenho mais dores. Tenho novos amigos que me elevam a sintonia. E a prosperidade se instalou em minha vida de forma plena em todos os sentidos. Gratidão, Luz da Serra! **(Vera Lucia Schon Moreira)**

Há um ano venho estudando os conteúdos. Desde então, CUREI muitas crenças limitantes, passei a acreditar realmente nos meus sonhos, faço projeção das minhas metas, estou guardando dinheiro. Antes não sobrava dinheiro, até faltava. Saber enxergar e selecionar pessoas que me fazem bem também é prosperidade. E tenho absoluta certeza que esse é o ano da minha vida. E nada disso teria acontecido sem a mentoria do Bruno, da Patrícia e da competência da equipe Luz da Serra. Vocês são fantásticos. Gratidão. **(Carmen Novaes)**

Em 2014, minha família entrou com um processo contra uma construtora que agiu de má fé. Na segunda-feira, tivemos a audiência de conciliação, e a parte justa do dinheiro foi devolvida. #brilhaprosperidade. Sendo assim, só tenho a agradecer aos nossos Mestres Patrícia e Bruno por tanta dedicação nos ensinamentos, por tanto amor e carinho que nos envolve sempre. **(Aline Ramos)**

Mais histórias de sucesso você encontra no final do livro!

Então, quais são as chances de você se comprometer com esse Tratado, começar a aplicá-lo em sua vida e, em muito pouco tempo, começar a ter você também resultados incríveis no aumento da sua prosperidade?

A sua resposta definirá quem você quer ser, que tipo de vida quer manter e quanto realmente quer prosperar! O método funciona e você mesmo terá o prazer e a alegria de ver seus resultados na prática.

Por isso, comprometa-se verdadeiramente com os seus sonhos e leia com muita atenção tudo o que vou dizer no Tratado da Prosperidade, inclusive dedique-se aos exercícios propostos, pois cada um deles são chaves poderosas para novos níveis de abundância.

Vou mostrar o que você deve fazer para conquistar as suas metas com simplicidade para ter uma vida extraordinária. Não só isso, vou falar sobre o que não fazer também!

VAMOS JUNTOS!

Eu acredito em você! Acredito que você veio ao mundo para prosperar, cada vez mais!

Use as **leis naturais** para criar paz, harmonia, **bem-aventurança** e prosperidade **na sua vida.**

@brunojgimenes
#otratadodaprosperidade

2

A PROSPERIDADE É UMA DECISÃO

"O desafio nunca foi em saber o caminho certo, mas querer o caminho certo."

Você tem o poder de prosperar, pois é natural da sua essência. Da mesma forma que *tudo isso é natural*, também é próprio da sua essência se expandir.

Você veio ao mundo para prosperar, é uma das suas missões intransferíveis e irrevogáveis. Qualquer movimento seu na direção contrária ao processo de prosperidade vai lhe causar dor, sofrimento e limitação.

Durante a leitura do livro, você verá cada um desses argumentos sendo explicados em detalhes.

Assim como é natural um gato miar, um cachorro latir, uma erva crescer livre no jardim.

Porém, o ponto de partida de todo o processo, a pedra fundamental, é:

Prosperidade é uma Decisão, é um Tratado que você firma consigo mesmo para prosperar, ou seja, é um acordo, uma convenção.

Neste livro, você aprenderá a criar o seu Tratado de Prosperidade de forma objetiva e simples. Contudo, a pergunta mais importante de todas é a que vem a seguir.

A resposta dela pode se modificar durante o livro. Então, seja 100% honesto. Responda agora mesmo*.

De 0 a 10, qual é o seu real comprometimento com a sua prosperidade? Você está disposto a fazer tudo o que precisa ser feito – dentro da ética e da lei – **para prosperar?** (Escreva a sua nota e o quanto você está disposto)

_____
_____
_____
_____

* **Nota:** Caso você não queira escrever no seu livro, disponibilizamos os exercícios para *download* em www.luzdaserra.com.br/otratado

O QUE É REALMENTE PROSPERIDADE?

Prosperidade é um estado de consciência, assim como paz, espiritualidade ou bem-estar. É um estado de ser. Por assim dizer, é um fluxo vibracional, um magnetismo pessoal.

O dinheiro sozinho não significa prosperidade definitiva, porque a abundância financeira é apenas um sintoma da prosperidade. Pegue como exemplo uma pessoa enferma que vai ao médico. Após avaliar o exame, o profissional da saúde diz: "Olha, os seus sintomas são de estresse". O que quer dizer que o conjunto de sintomas determina o diagnóstico da pessoa, e não apenas um sinal isolado.

Prosperidade sem dinheiro não é prosperidade. Mas dinheiro sem essência, amor, liberdade, alegria e leveza também não significa prosperidade!

Prosperidade é um conjunto de sentimentos, acontecimentos e manifestações.

Egoísmo, vaidade e arrogância somadas ao dinheiro mostram nitidamente o sintoma do materialismo excessivo, da falta de essência e da ausência de prosperidade!

Jamais se engane!

Os aspectos que determinam a prosperidade:

1. *Manifestação financeira* (dinheiro, riqueza, abundância, abastança).

2. *Manifestação do amor* (nas pessoas, o amor dos amigos, paz nas relações afetivas, a vontade de compartilhar o que você tem de bom, a alegria em fazer novas amizades, conhecer lugares e ter contato com novidades constantes).

3. *Manifestação da saúde física e emocional* (Imunidade física elevada somada ao contentamento e à estabilidade emocional. Estar em alinhamento com a sua essência e em ser o que nasceu para ser).

OS DOIS NÍVEIS DE PROSPERIDADE – SINTOMAS

Você vai manifestar dois níveis de prosperidade. Esses dois níveis ficam bem claros na medida em que você cria seu Tratado de Prosperidade.

Primeiro nível de prosperidade: Abundância extrafísica

– Leveza emocional;

– Facilidade para fazer novos amigos;

– Surgem novidades frequentemente (convites

para lugares novos e inusitados, aparecem oportunidades, aprende-se novos esportes, novos ofícios);

– Sentimento de gratidão crescente por coisas simples;

– Diminuição de todas as formas de conflito na sua vida.

**Segundo nível de prosperidade:
Abundância manifestada em riqueza material**

– Aumento do seu patrimônio;

– Conquista da liberdade financeira;

– Trabalha porque ama e não porque precisa;

– Ganha mais do que gasta (sempre)

– Doa muito (em dinheiro, tempo, energia e contribuição ao mundo);

– Surgimento de oportunidades para investir;

– Surgimento de oportunidades para empreender;

– Negócios e investimentos trazem retorno financeiro;

– Oportunidades na carreira surgem, portas se abrem;

– Ganha prêmios, conquistas e reconhecimentos.

Sabemos que o segundo nível de prosperidade, o da abundância material manifestada, pode demorar um pouco mais para surgir em relação ao primeiro nível. Contudo, você pode acelerar esse processo criando o seu Tratado da Prosperidade. Dessa forma, o primeiro nível será tão poderoso quanto rápido ao surgir na sua vida. Ele já começou!!!

VAMOS PROSPERAR?
CHECKING POINT*

1. Os principais sintomas que você tem do primeiro nível da prosperidade são... (Complete escrevendo situações da sua vida que se encaixam com o primeiro nível da prosperidade)

_____
_____
_____
_____
_____
_____
_____
_____

* **Nota:** Caso você não queira escrever no seu livro, disponibilizamos os exercícios para *download* em www.luzdaserra.com.br/otratado

2. Os sintomas de prosperidade de nível 2 que você quer manifestar na sua vida são... (Complete escrevendo o que deseja conquistar. Dinheiro? Quanto? Carro? Quais? Casa? Onde e como? Reserva financeira? Quanto?)

_____
_____
_____
_____
_____
_____
_____

3. O que você aprendeu sobre a definição de prosperidade foi... (Complete escrevendo o que você aprendeu com o conceito dos 3 pilares que determinam o conceito de prosperidade)

_____
_____
_____
_____
_____
_____

Nunca se esqueça, **você** veio ao mundo para PROSPERAR. Qualquer movimento na direção contrária, *causa dor, sofrimento e limitação.*

@brunojgimenes
#otratadodaprosperidade

3

A MOTIVAÇÃO PARA PROSPERAR

*"Pecado é negar a sua capacidade de
ser tudo o que você pode ser."*

Quando você toma a decisão de prosperar, esse fato em si cria uma expectativa positiva. Eu aprendi ao longo da construção do meu Tratado de Prosperidade que uma expectativa positiva carrega em si a semente da prosperidade. Por isso, mergulhe agora mesmo no sentimento feliz que é manifestado quando você bate no peito e diz "eu vou prosperar, eu me comprometo".

Se você não fez isso ainda, faça! Dê palmadas no centro do peito afirmando a sua decisão de se comprometer em prosperar. Comprometa-se em criar o seu Tratado da Prosperidade.

> *Bata no peito e diga: "eu vou prosperar, eu me comprometo".*

Uma das minhas características como *trainer* de desenvolvimento pessoal e missão de vida é que trabalho com expectativas e planos reais, sem abstração.

A vida real é mágica; contudo, confusa e desafiadora. Seria displicência minha e falta de profissionalismo também dizer que **basta bater no seu peito** após tomar a sua decisão que tudo já vai começar a dar certo. Ao menos para 98% das pessoas, não é fácil assim, e o motivo é bem simples: crenças limitantes da mente, autossabotagens inconscientes, pressão social e muitos outros fatores que escapam da sua percepção bloqueiam a manifestação dos dois níveis da prosperidade.

Não se preocupe, no Capítulo 5, eu reservei um conteúdo profundo e extremamente didático para você descobrir suas próprias crenças limitantes.

Como você pode ver, a decisão de prosperar é a pedra fundamental do processo, porque a energia do comprometimento sempre foi e sempre será a mais poderosa força humana de realização. No entanto, ela pode enfraquecer se não encontrar o motivo, a razão e o propósito perfeito para se comprometer.

Você só terá um comprometimento forte e inabalável, uma decisão irrevogável de cumprir o seu Tratado de Prosperidade, se encontrar as motivações e razões certas para manifestar toda a abundância que pode.

Muitas pessoas acham que é legal, importante, necessário e divertido prosperar. Sim, tudo isso é 100% verdadeiro. Porém, essas palavras não traduzem a real importância de ser próspero nos dois níveis. Você precisa encontrar motivações muito mais fortes que as simples palavras: importante, necessário, legal e divertido.

POR QUE SER RICO?

Como você já sabe, a prosperidade se sustenta em três pilares. Um deles é a riqueza manifestada materialmente, que é justamente o maior desafio de todos. Isso acontece exatamente porque as motivações para o dinheiro ainda não estão 100% claras na mente das pessoas.

Eu trouxe aqui para você alguns pontos que eu considero excelentes para gerar a sua verdadeira motivação para prosperar.

PRIMEIRO PONTO

No universo em que estamos inseridos existem muitas leis naturais. Entre elas, eu destaco a **Lei da Evolução Constante**.

A humanidade vem passando pelas mais diversas experiências desde os remotos tempos. Muitas coisas aconteceram, guerras, descobertas, achados, provações, momentos de luz e sombras. Todas essas experiências regidas pela Lei da Evolução Constante.

É uma lei acima de mim e de você, que diz que todas as plantas, folhas e árvores devem continuar crescendo, que todas as sementes que caem no solo precisam continuar germinando, que não interessa quantas vezes você plantar, você vai colher.

Uma lei que quer ver você crescendo, prosperando, se assumindo e, acima de tudo, que você seja tudo aquilo que você pode ser. **Esta lei não quer que você seja o que dá para ser, mas que você seja tudo aquilo que você pode ser!**

É uma lei que está acima de todos os limites que os homens se autoimpõem equivocadamente.

A Lei da Evolução Constante quer que você seja rico, porque ser rico significa prosperar o tanto quanto é possível, avançando o máximo que a natureza oferece.

Uma árvore não para de se expandir, porque segue a natureza. A grama do jardim se expande, cresce, se alastra sem limites. Essa é a natureza.

Há tempos, eu plantei um tipo de hortelã no jardim da minha casa. Poucos meses depois eu vi que se alastrou por tudo, sem limites, a erva foi crescendo e se expandido. Tudo isso porque a hortelã não tem a crença de que não pode prosperar. Diferente disso, ela foi se expandindo o tanto quanto podia.

A matriz divina da vida é crescer, crescer, crescer e evoluir.

E a mesma lei que age sobre a hortelã do meu jardim, sobre as matas, sobre uma colônia de bactérias que se proliferam rapidamente, também age sobre a sua vida!

Tudo o que vive tem o direito irrevogável de evoluir ao máximo.

Quem é que ousa dizer que você não pode ser abundante ao máximo?

Somente aquele que está impregnado de crenças limitantes (você verá isso em detalhes no capítulo 5) e desconhece as leis naturais pode falar um absurdo desses.

SEGUNDO PONTO

Ser rico é a melhor forma de ajudar. Auxiliar o mundo, amparar a sua família, transformar as injustiças que você vê no planeta. É a melhor maneira de ajudar a conquistar seus sonhos e viver com alegria.

O mundo precisa cada vez mais de pessoas ricas. Elas geram empregos, movimentam a economia, motivam as pessoas pobres a terem abundância, geram impostos, criam oportunidades, emprestam e investem o dinheiro, fazem transações financeiras que fomentam riquezas. As pessoas ricas ajudam mais e melhor na prosperidade do mundo!

TERCEIRO PONTO

Pobreza é desconhecimento! Não há nada de espiritual ou nobre em ser pobre. O Grande Espírito da Verdade, o Grande Espírito de Deus, o Cristo, a Luz Maior, está em você, atua em você, onde você estiver.

Você acha que essa Força Maior quer estar com você no sofrimento, na dor, na escassez ou na abundância?

Onde você acha que essa Luz Maior quer estar com você? No sofrimento ou na alegria?

Essa Força de Luz quer estar com você na prosperidade, na abastança, na bem-aventurança ou debaixo da ponte, sem ter dinheiro para honrar as contas no final do mês ou com um filho precisando de algo que você não pode comprar?

Onde você acha que essa Força, que age sobre tudo, quer realmente estar com você?

Inclusive esse sentimento de angústia que às vezes você sente quando falta dinheiro é justamente a retração dessa energia que é **alegria, bonança e liberdade.**

Quando você sofre, significa que você não está vibrando na mesma energia da prosperidade. Não há nada de lindo em sofrer, apenas se você sofreu uma única vez e transformou a dor em aprendizado. Tirando essa particularidade, não há nada de espiritual em sofrer constantemente.

E, honesta e sinceramente, é por isso que estou aqui com você: para ajudá-lo no seu tratado. Eu sofri porque desconhecia o caminho, e esse sofrimento você pode evitar com este livro.

Eu sofri demais com a prosperidade travada, sofri demais com a ignorância no caminho, com conceitos

Ela quer estar na abundância, na alegria e na leveza!

equivocados sobre ficar rico, ajudar o mundo e o melhor meio de fazer isso.

Deus não quer estar com você na pobreza, porque pobreza é ignorância que anuncia um baixo nível de conhecimento sobre as leis naturais.

Pobreza é desconhecimento! Pobreza é ignorar as leis do universo!

Muitos dizem que o dinheiro corrompe as pessoas. Contudo, pessoas pobres e ricas são corrompidas igualmente. O dinheiro não é o problema, e sim a conduta, a moral e os valores!

Quando alguém pensa que o dinheiro pode corrompê-lo, ele já está corrompido, mesmo antes de ter o dinheiro, porque sua mentalidade já acusa essa realidade. Ou seja, quando você pensa que dinheiro corrompe as pessoas, só o fato de pensar assim já mostra que você está corrompido. Não é sobre o dinheiro, mas sobre a essência de cada um.

Você só é pobre ainda, ou não é rico, ou não é mais rico ou não é milionário, porque não tem o conhecimento necessário.

QUARTO PONTO

Pecado é ficar satisfeito com pouco. Se o universo quer dar para a Hortelã a oportunidade de se alastrar o tanto quanto ela puder, porque você, que também vive sob as mesmas leis universais, não se alastra?

A falta de desejo de se alastrar (prosperar) mostra a negação da sua origem! Pecado é negar a sua origem! **Pecado** é não ser o que você nasceu para ser! Pecado é ficar satisfeito com pouco.

Você tem que ser rico para acabar com esse "pecado". A melhor maneira de ajudar o mundo e acabar com a pobreza é ficando rico. Você só vai ser feliz em essência se estiver dando o melhor de si para prosperar.

> Só quero deixar claro que eu usei esse termo católico apenas para ilustrar o exemplo, pois é algo muito popular na nossa cultura.

Você que esteve satisfeito com pouco, esse foi um período de "pecados" na sua vida. Esse é um erro que a maioria comete!

Não há nada bonito em ser pobre, em não ter dinheiro para honrar dívidas, não conseguir ter uma adequada assistência médica para seus filhos, ter que dormir em um colchão duro, frio e úmido. Não há nada de nobre em dormir com dor de estômago de tanta fome! Isso sim é pecado!

Manifeste muito dinheiro na sua vida para você ser o que nasceu para ser!

O que digo aqui não tem nada a ver com não respeitar pessoas mais pobres. Esse respeito é inquestionável. O fato é que precisamos parar de pensar que é nobre ser pobre. Para mim, nobre é poder ajudar o mundo ilimitadamente. Para mim, pobreza é um estágio passageiro, que pode ser mudado assim que há uma decisão séria de prosperidade baseada em motivações certas.

E, quanto ao respeito aos menos abastados, eu justamente quero ajudar mais e mais pessoas a prosperar. Dessa forma, eu me dedico a ser mentor de prosperidade, porque quero um mundo mais próspero e sei que quem ainda não alcançou esse estágio simplesmente desconhece tudo o que é possível.

QUINTO PONTO

Ricos ficam menos doentes. Quanto mais rico ficar, mais sua imunidade tende a melhorar. A explicação é simples: o sofrimento diminui ao sair da pobreza, e isso é determinante para a saúde. Outro ponto é o acesso a recursos médicos, tecnologia de ponta, planos de saúde decentes e maior noção preventiva, além de consciência de saúde, entre outros benefícios. Ricos podem escolher melhores alimentos e hábitos mais saudáveis, o que muitas vezes é inviável para a esmagadora maioria da população.

SEXTO PONTO

Ricos são mais felizes. Essa é bem fácil de explicar. Quem é rico pode escolher o que quer fazer pelo prazer e propósito, e não por obrigação.

- Se você não tivesse que pensar no dinheiro, qual seria o seu trabalho ideal hoje?

- Se você não se importasse com a grana, continuaria ainda no mesmo trabalho?

- Percebe que a resposta para essa pergunta explica porque os ricos são mais felizes?

Além disso, quando você vive na pobreza e na escassez, a única coisa que você pensa é justamente no dinheiro.

Como pagar as contas? Como honrar os compromissos? Quanto custa isso? Quanto custa aquilo?

Se você está no fundo do poço, só consegue enxergar a luz para sair dele, e mais nada!

As pessoas ricas não enxergam apenas a luz, elas pensam em diversão, causas sociais, projetos de vida, viagens e outras coisas além de "como pagar as contas". Em outras palavras, elas produzem o ecossistema perfeito para desfrutar da prosperidade, o que, sem dúvidas, aumenta o estado de prazer pela vida e, consequentemente, a felicidade.

O poder de diminuir o conflito e o sofrimento que a riqueza traz é algo mágico! Eu explico.

Se você tem riqueza, você não sofre se naquele mês a conta de luz deu o dobro do normal. Ao entrar em uma loja e se deparar com um sapato perfeito, você pode comprar dois se quiser. Quando você chama seus amigos para confraternizar na sua casa, você não está preocupado em quanto vai gastar, porque seu dinheiro é abundante. As brigas de casal, de família e entre amigos diminuem substancialmente.

Por isso, pessoas ricas desfrutam mais da vida, porque, enquanto buscam seus objetivos, o foco e o interesse delas também estão em celebrar a vida.

SÉTIMO PONTO

Quanto mais rico, mais íntegro. Ricos são mais íntegros! Você deve ter assistido em novelas, filmes e seriados que os ricos passam por cima dos menos abastados, que eles são pessoas malvadas e que só pensam no seu próprio dinheiro. Isso não é real.

Existem pessoas maldosas, que só pensam em si, que passam por cima dos outros, desonestas e corruptas em todas as camadas da sociedade. Isso é um fato.

Aceite a realidade, quanto mais rica a pessoa se torna, maior é o índice de integridade dela. Sim, os noticiários, as novelas e os filmes estão mostrando ricos malvados e aproveitadores. Porém, entre os ricos, esses casos são a minoria.

Se você quer ser honesto, íntegro, correto, do bem, seja o mais rico que puder. A estatística comprova que isso é uma condição ideal para que o ambiente da integridade floresça na sua vida.

Proporcionalmente, quanto mais baixa a renda de uma pessoa, maiores são as chances de ela "escapar" em algum ponto na integridade. Quando qualquer centavo conta muito nos seus ganhos, você tende a cometer pequenos equívocos por dinheiro. Dessa forma, comete deslizes de integridade.

Em qual mundo você quer viver?

O mundo em que você esquece o carro aberto, com a sua pasta lá dentro, e quando você volta está tudo do mesmo jeito? Você prefere um mundo no qual você precisa ficar vigiando tudo para ninguém roubá-lo ou desconfiado que será passado para trás?

A minha opinião é que você sonhe em viver no mundo dos íntegros. E o mundo dos ricos tem muito mais chances de ser o mundo dos íntegros.

Solução perfeita: seja mais rico, seja mais íntegro!

OITAVO PONTO

A conquista da liberdade. Liberdade para ir quando e onde quiser. Pessoas que trabalham apenas pelo dinheiro não são livres, porque essa condição as impedem de ser elas mesmas em essência.

É muito duro o que eu vou dizer: pessoas que trabalham apenas pelo dinheiro estão prostituindo a felicidade. Liberdade é o poder de escolher, ir e vir, fazer ou não fazer, única e exclusivamente com base na sua vontade e valores.

Ricos têm mais liberdade, pois definem as suas agendas, os locais que querem ir, os hotéis que se hospedam, os restaurantes que frequentam com base no desejo puro e simples do que é melhor para eles.

O sucesso é medido em "ser" o que você quer ser, e não o que "deu" para ser.

Esta, na minha opinião, é a maior motivação para prosperar: *a liberdade de ser quem eu quero ser.*

> Ser rico e ser pobre dá o mesmo trabalho para o universo. Só que ser rico traz liberdade, e a pobreza aprisiona.

NONO PONTO

A expressão plena do amor é negada pela pobreza. A pobreza faz com que vários ingredientes emocionais tóxicos entrem na sua vida e o amor fuja, escape, vá embora. Simples assim! Esse é um fato! Quantos casais se separam por que os problemas financeiros os colocam em pé de guerra? Quantas famílias são recheadas de conflitos, manhã, tarde e noite, justamente por conta das finanças difíceis?

Claro que os conflitos nas relações interpessoais sempre existirão, mas se o dinheiro perder seu protagonismo nas brigas por ser abundante, as coisas estatisticamente ficarão mais leves.

Tenho certeza que você já viu algum casal se separando, filhos brigando com os pais e sociedades sendo encerradas justamente pela questão do dinheiro.

Aqui, eu citei apenas algumas das principais motivações para você enriquecer e manifestar a prosperidade no nível extrafísico e físico. Acredito que agora você deve encontrar novas motivações para reforçar esse pensamento, e elas estão em todos os lugares!

Desejo que você leia várias vezes este conteúdo e ative toda a força necessária para se sentir motivado a enriquecer. Que você faça desses motivos elementos que tornem a sua decisão um Tratado de Prosperidade.

A razão que você precisa para fazer o que tiver que ser feito (dentro da lei e da ética) para prosperar e ser tudo aquilo que você tem o direito de ser.

VAMOS PROSPERAR?
CHECKING POINT*

1. Você ainda vê algum motivo para não ser rico? Se sim, quais?

_____
_____
_____
_____
_____

2. Os benefícios que terá ao se tornar rico, mais rico ou milionário são... (Complete escrevendo o que pode acontecer de bom ao atingir o seu próximo nível de prosperidade)

_____
_____
_____
_____
_____
_____
_____

* **Nota:** Caso você não queira escrever no seu livro, disponibilizamos os exercícios para *download* em www.luzdaserra.com.br/otratado

3. Você conseguiu se sentir realmente motivado com a ideia de enriquecer?

_____
_____
_____
_____
_____
_____
_____
_____

4. **Além dos nove pontos de motivação para ficar rico citados anteriormente, quais outros três você acrescentaria na sua lista?** (Encontre novos motivos para ficar rico que aumentem a sua vontade e comprometimento com o seu Tratado de Prosperidade)

_____
_____
_____
_____
_____
_____
_____
_____

O **SUCESSO** é medido em "**SER**" o que **você QUER ser**, e não o que **DEU para ser.**

@brunojgimenes
#otratadodaprosperidade

NOTAS

4

A ARDILOSA CONSPIRAÇÃO PARA DEIXÁ-LO POBRE

*"Tudo o que vive tem o direito irrevogável
de evoluir ao máximo."*

Existem fatores graves que prejudicam dramaticamente o seu fluxo de prosperidade. Vamos falar de muitos deles nos próximos capítulos. Porém, nesse momento, quero destacar o pior deles na minha opinião. Trata-se de uma grande conspiração para manter a sua vida na pobreza e na escassez.

Existem muitos elementos que bloqueiam a prosperidade das pessoas. Contudo, nos dias atuais, nada é pior que a tríade RPR. Vou explicar em seguida o que

Adianto que as palavras a seguir são duras e disruptivas.

essa sigla significa. Então, acompanhe-me neste capítulo definitivo para o seu Tratado de Prosperidade.

A CONSPIRAÇÃO PARA MANTER VOCÊ NA POBREZA

Importante: leia este capítulo várias vezes, pois é muito importante que você absorva estas informações e que reflita sobre elas, mas que entenda 100% o sentido das palavras aqui citadas.

Desde os tempos mais remotos, sempre fomos envolvidos em uma tendência ardilosa de aproveitadores interessados em controlar as massas. Essa influência ocorreu de muitas formas diferentes ao longo dos anos. Entretanto, os objetivos nefastos foram sempre os mesmos: dar privilégios a uma minoria interesseira e inescrupulosa.

O tempo passou, muita coisa mudou, mas o interesse de poucos em controlar as massas segue firme. Quando você começar a prestar atenção vai perceber que se trata de uma grande conspiração estruturada que se retroalimenta com a nossa ignorância.

Quando entendi como essa conspiração atua e como me defender dela, meu mundo se abriu e a prosperidade brilhou para mim. Quero que isso aconteça na sua vida também. Respire fundo e vamos em frente.

RELIGIÃO (R)

Pense comigo, o que a religião promete aos seus fiéis? Alegria, saúde, bem-estar, família feliz, Reino dos Céus.

Agora, pense comigo mais uma vez, o que a prosperidade promete? Alegria, liberdade, relacionamentos, amor na família, paz de espírito, conhecimento, viagens, satisfação, prazeres, etc.

Em suma, a prosperidade promete muito mais do que as religiões podem proporcionar.

A promessa da prosperidade é maior e melhor que a promessa da religião. Também parece ser um caminho mais simples.

> Mas a religião percebeu isso. Então, os líderes religiosos entenderam que só havia um jeito de tornar a religião mais interessante que a prosperidade: transformando-a em um ópio!

A partir disso, foi vendida a ideia de que o espiritual e a prosperidade não se encontram, não se combinam, mas você precisa saber de algo. Tanto a religião quanto a prosperidade prometem as mesmas coisas.

Se você seguir em direção à prosperidade, quando você a conquistar, também vai alcançar o exato caminho que a religião também promete, incluindo a conquista do desenvolvimento da espiritualidade. No entanto, no caminho da prosperidade, você ainda leva a riqueza que lhe dá poder e liberdade.

Já no caminho da religião você tem uma promessa ilusória de liberdade que nunca será encontrada, pois ela não defende a manifestação física da prosperidade. Uma vez que você mora na Terra, você precisa da abundância material para ser feliz, e isso nunca será encontrado na religião.

Essa parte que fica faltando é justamente a promessa que a religião quer lhe oferecer, por meio de ritos, celebrações, rituais que lhe prometem algo muito maior que a riqueza.

Eu não estou dizendo que os rituais e celebrações não sejam incríveis, estou dizendo que eles não podem ser usados como um elemento de ilusão para uma promessa que nunca poderá ser cumprida.

Não estou também dizendo que as religiões estão erradas em tudo, mas **toda religião em si carrega a semente de dizer que o próspero não funciona, que o dinheiro corrompe**. A verdade é que pessoas equilibradas financeiramente tendem a procurar muito menos as religiões.

E lembre-se que só o fato de uma pessoa falar que o dinheiro corrompe, mostra o quanto corruptível ela é.

Ao entender esse processo, você passa a compreender como as massas são manipuladas.

Quando não falta nada na vida de alguém, ele naturalmente busca impactar a vida dos outros e compartilhar o bem. Esse caminho distancia as pessoas da religião, pois elas se sentem completas.

Mas isso não é interessante para as religiões, concorda?

O ideal é que o ser humano acredite que está sempre lhe faltando algo, que se sinta no ciclo da dor, da infelicidade, da culpa e da carência. Dessa forma, as religiões serão sempre acionadas.

Então, pense bem, quais as chances de uma pessoa feliz, próspera e realizada buscar uma religião?

Muitas pessoas que se consideram religiosas e já possuem a prosperidade que merecem podem continuar atreladas às suas religiões de origem, e isso é natural, mas e os novos adeptos?

De onde viriam novos seguidores se a humanidade começasse a prosperar na integralidade da tríade de *ser feliz, saudável e rico*?

Mas você não vai achar que as religiões nunca pensaram nisso, não é?

Essa preocupação é algo milenar. Contudo, uma minoria de grandes líderes religiosos e alguns interesseiros pensaram no modo ideal de vencer a concorrência com o caminho da prosperidade. Então, começaram a criar a necessidade e a diferenciação por meio da criação do conceito do inferno.

Eles criaram e alimentaram o medo com a ideia de que somente a religião era o caminho para a salvação no pós-morte. A ideia do castigo, do inferno e dos pecados foi a receita perfeita para manipular multidões.

Eu não descarto que as religiões sejam um caminho importante para muitos, e que elas ainda atuem como um "freio moral" para a humanidade, afinal, grande parte de suas mensagens estão carregadas de estímulos à prática do bem. Entretanto, existem muitos elementos subliminares que reforçam a culpa e o medo, que fazem você acreditar que não é merecedor de toda a prosperidade que pode ter.

Se você entender que a prosperidade é concorrente da religião, vai começar a perceber essa conspiração da mesma forma que percebe a briga competitiva entre empresas concorrentes na vida real.

POLÍTICA (P)

Quando estudei marketing político algo ficou claro para mim. Se um político da situação estiver fazendo campanha para reeleição, o discurso será sobre as oportunidades que existem em continuar a gestão.

Por outro lado, se um candidato da oposição estiver fazendo campanha, o discurso dele será fatalista e focado em dores e problemas reais.

Um deles fala das chances de seguir crescendo; o outro, do caos, dos graves problemas.

Nós temos incutido em nossas mentes algo que nasceu nas religiões, mas **a política detectou isso rapidamente**. Todos nós temos o costume de esperar um salvador. Aguardar com grande esperança o dia em que alguém vai nos defender do mal, como um super-herói mesmo, que vai nos salvar das dores, horrores e injustiças.

e aproveitou muito bem!

Em todo o marketing político, você vai perceber o agravamento dos problemas e das oportunidades. Nessas conversas, você perceberá falas que demonstram o quanto o ser humano é vítima, indefeso e impotente.

Você verá discursos e mais discursos demonstrando a isenção de responsabilidade individual, e, acima de tudo, encontrando um inimigo em comum, um monstro, um grande vilão. Eles chamam de vilão a economia, as taxas de juros, o descaso com a saúde, a defasagem na educação ou as ondas de assalto.

Antes que você me questione, sim, esses são grandes vilões de verdade, mas a comunicação que eles usam nos colocam em condições de vítimas 100% indefesas. Comece a perceber o quanto, a todo momento, as campanhas políticas focam suas estratégias em dois pontos específicos.

PRIMEIRO PONTO: Encontrar vilões. O quanto mais cruéis e destruidores, melhor.

SEGUNDO PONTO: Fazer com que nos sintamos vítimas indefesas. Quanto mais nos sentirmos fracos, oprimidos e sem poder, melhor.

Perceba que as religiões fazem algo parecido. No caso das religiões o primeiro ponto, o vilão, é o demônio. Já o segundo ponto, que é o sentir-se indefeso, é mostrar que a salvação está em um ser externo, um mestre, um santo, um messias. Consegue reconhecer o mesmo padrão?

Retomando a política, quando a grande massa aceita que temos graves e inescrupulosos vilões, que está indefesa e oprimida, o terreno está fértil para que o terceiro pilar da estratégia seja executado com maestria: a ideia do salvador.

O político que irá defender os seus eleitores do "caos". O político que irá vingar os indefesos.

E por falar em salvador, você conhece alguma história parecida com essa?

Toda a ideia da política é sempre a mesma: nos alienar e nos fazer sentir carentes e sedentos por um salvador, que obviamente aparecerá nas próximas eleições.

Nesse conceito, a religião (R) e a política (P) experimentam uma simbiose perfeita que faz com que a estratégia de manipulação continue existindo.

REMÉDIOS (R)

O terceiro pilar dessa conspiração são os remédios (R). A indústria farmacêutica tem um papel fundamental para o aumento da expectativa de vida, alívio de dores, esperança e oportunidades. Isso é inquestionável. No entanto, há algo que você precisa saber para que tenha discernimento nas suas decisões do dia a dia.

Você percebeu que tanto na religião quanto na política existe um esforço enorme para que acreditemos que não somos capazes de dar conta de nossos desafios sozinhos?

Percebeu a carga de influência milenar que nos faz pensar que somos indefesos, vítimas e que não temos força para enfrentar a vida sozinhos?

Quem mais pode lucrar com essa manipulação? Quem mais tem o total interesse em oferecer esperança de cura independente do comprometimento de cada um?

Quem mais faz questão que você continue a acreditar mais e mais que você é oprimido, impotente e incapaz de se autocurar?

Sim, isso mesmo, a indústria farmacêutica! Ela já percebeu essa oportunidade faz muito tempo. Ela quer que você acredite que, sem remédios, não dá! Que você não pode existir sem complementos e suplementos. A indústria não quer que você morra de jeito nenhum, mas também não quer que você se cure por completo. Ela precisa que você se torne recorrente. O que isso significa?

Que você não viva sem ela um só dia da sua vida e, por isso, consuma sempre!

> Quero aqui novamente alertar que sou totalmente grato a uma grande parcela de produtos desenvolvidos pelos laboratórios farmacêuticos que realmente fazem a diferença e salvam vidas. Apesar disso, o marketing pesado utilizado por essa indústria faz com que as pessoas se sintam perfeitas dependentes e usem remédios sem a menor necessidade.

A psiquiatria americana está em crise, pois o número de pessoas que estão ficando doentes e até mesmo morrendo por conta da intoxicação causada por remédios já é igual ao número de pessoas que estão morrendo por causa das doenças. Você entende o que isso quer dizer?

> Em poucos meses as pessoas irão morrer muito mais porque consomem remédios de forma equivocada do que por conta dos efeitos das doenças.

E tudo o que a indústria farmacêutica quer é que o tamanho da **caixa de remédios** da sua casa seja do tamanho de um *container*.

Ao longo dos anos, o tamanho dessa caixa aumentou. Antigamente era do tamanho de uma caixa de lenços, mais tarde ficou do tamanho de uma caixa de sapatos e, hoje em dia, duas, três ou quatro partes de um armário na sua casa devem estar cheios de medicamentos. Acredite, isso é obra desse marketing poderoso.

O maior problema está na entrada da indústria farmacêutica no campo da psiquiatria. Sim, pois não existe coerência em tratar as doenças da alma com remédios para o corpo. Essa ideia é tão absurda, mas ninguém para para refletir, até porque todos estão muito ocupados em suas rotinas, e também porque aprenderam que são impotentes e que a cura tem de

sabe aquela que toda família comum tem?

vir de fora. Estão todos hipnotizados pela ideia de que é normal tratar doenças da alma, das emoções, dopando o corpo físico.

Talvez você ache normal tomar remédios, incluindo os "tarja preta" porque já se acostumou com a ideia de que a vida é assim mesmo e ainda se sente feliz por ter a chance de usar tais medicamentos.

Quem sabe, assim como eu, você entenda que medicamentos que tratam o corpo físico não podem ser usados para cuidar da alma, pois a causa está muito além dos neurotransmissores ou da química do cérebro.

Eu não sei em qual das duas opções você se encaixa, mas se você está na primeira, posso dizer que o marketing massivo das indústrias farmacêuticas o pegou!

E essa chuva de medicamentos novos que chegam às prateleiras dão esperança que, a qualquer momento, surgirá uma pílula mágica que resolve tudo, mas sabemos que isso não é verdade. Porque esse marketing constante que atua nas camadas mais variadas da sociedade, faz com que sustentemos a crença que, enfim, um novo remédio chegará e logo seu médico poderá prescrevê-lo para o seu caso.

Um remédio tradicional ou, melhor dizendo, uma droga não chega para curar o que realmente é necessário, pois a sociedade está distraída. Há milênios já sabemos que as doenças do corpo são consequências de desequilíbrios na alma, nas emoções, nos pensamentos e nos hábitos (exercícios, alimentação e controle emocional principalmente).

Não se iluda achando que se um dia você ficar doente, ou se você já estiver doente, ou se alguém da sua família já estiver doente, que você só precisará do remédio e pronto. Você está terrivelmente iludido com um marketing raivoso daqueles que só querem bater suas metas de vendas, sem se importar com o universo de emoções, pensamentos, sentimentos e sonhos que existem em você. Eles só querem que você consuma e se sinta dependente deles.

Em certa parte, essa é uma responsabilidade sua, minha, de todos nós.

Porque definitivamente decidimos terceirizar a responsabilidade dos problemas.

Eu fico doente?
Simples: vou ao médico e peço medicamentos!

Assim eu não preciso pensar, não preciso me reformar, mudar meus padrões (que dá muito trabalho, por sinal). Então, eu vou me enganando querendo que tudo esteja ajustado para a minha vida feliz. Grande engano!

Deixe os remédios para as situações mais extremas, aquelas em que você não pode questionar e nem pensar: uma inflamação grave, uma necessidade de cirurgia urgente, uma febre, uma fratura e outras situações de urgência.

Talvez tenhamos todos acreditado que precisa ser assim justamente pela força desta conspiração **Religião (R), Política (P) e Remédios (R)**.

A conspiração RPR quer que você se sinta a vítima, quer que você se sinta incapaz. Estão logrando êxito nessa atividade.

Mas agora você já conhece essa força ardilosa e inescrupulosa e, por isso, já pode começar a dar um basta! Um novo mundo vai se abrir para você a partir do momento em que entender como essa conspiração atua.

A CEREJA DESTE BOLO NEFASTO

Eu acredito que, a partir dessa visão que coloquei, você começará a investigar e perceber se o que eu lhe digo faz sentido. Tudo o que você deve fazer é avaliar, investigar, colher padrões, analisar e tomar por conta própria a consciência sobre essa ardilosa conspiração. Garanto a você que tudo vai ficar claro em pouco tempo.

Mas o show de horrores da manipulação para deixá-lo pobre não para por aí. Existe um fermento nesse processo. Estou falando da disputa por sua atenção. E posso lhe dizer que todos aqueles que têm o interesse em obter sua atenção estão aprendendo a usar muito bem duas coisas:

PRIMEIRO: A Conspiração RPR

SEGUNDO: O uso das emoções básicas

QUEM UTILIZA ISSO?

A mídia de massa. Em qualquer tipo de anúncio ou comunicação, na novela, TV, internet, jornal e qualquer forma de mídia que quer vender algo.

Prestar atenção nisso pode ser a diferença total para você criar um dos maiores poderes do Tratado da Prosperidade, que é o *mindset*, assunto que será abordado no capítulo 9.

No caso da mídia, ela não quer deixá-lo pobre, mas quer seduzi-lo e conhece o caminho para isso.

A mídia usa o caminho das emoções básicas, porque ela sabe que é a que mais chama a sua atenção. Você encontrará várias definições de emoções básicas na literatura sobre o assunto. Contudo, a propaganda vai se concentrar em fazer você se conectar com as seguintes emoções:

> **Medo, Surpresa, Repulsa, Raiva, Alegria e Afeto.**

Pois bem, para despertar essas emoções, o que a mídia faz é utilizar recursos que façam essas emoções virem à tona. Por isso, os melhores filmes são carregados de polêmica e mistérios.

Em função disso, as mensagens contidas nos telejornais são carregadas de notícias que geram **repulsa, raiva ou sentimento de injustiça**.

Assim, as notícias políticas geram tanta revolta e medo

Tudo é pensado meticulosamente por um único motivo, conectar-se com suas emoções básicas e, com isso, ter sua atenção despertada.

E, nessa onda, as mesmas estratégias da conspiração são usadas. Você verá em todos os lados a mensagem para que você se sinta vítima do mundo, injustiçado, impotente e, mais uma vez, sentindo a necessidade do "salvador".

Eu gostaria muito de, após ter dedicado aproximadamente seis anos de pesquisa sobre essa conspiração, ter chegado à conclusão que nada tinha sentido e que os padrões que havia encontrado eram meras coincidências, mas não!

Tudo se confirmou! E tenha certeza que a partir de agora você vai começar a ver essa manipulação em todos os lugares.

Fica quase impossível prosperar no mundo de hoje se você não souber bloquear a influência da conspiração RPR e não aprender a localizar esses gatilhos de atenção que a mídia usa.

Quando cai nessa **armadilha**, você reduz seu poder pessoal e passa a sentir medo de sonhar, dando origem a todas as limitações (conscientes e inconscientes) **que fazem você acreditar que a vida é o que dá para ser, que você não precisa de muito, que a pobreza, a dívida e a escassez são normais**.

Com o tempo, essas crenças são cada vez mais alimentadas pela conspiração RPR, a vida passa e você experimenta a mediocridade crônica.

A mediocridade crônica é carregada de crenças negativas tão enraizadas que é muito difícil removê-las. O conjunto dessas crenças limitantes é o Fator X da sua prosperidade. Quando descobre o conjunto de crenças que você tem e entende cada uma delas, você faz uma revolução rápida na sua vida material e sentimental.

O primeiro passo para começar a desestabilizar essas crenças que determinam sua prosperidade é justamente compreender a conspiração RPR e a disputa por sua atenção. Dessa forma, recomendo que você se prepare, porque no próximo capítulo vou ajudá-lo a reconhecer as crenças limitantes que bloqueiam a sua prosperidade.

Será uma tarefa dura, árdua e impactante. Talvez você gaste bastante energia mental e emocional fazendo os exercícios que vou lhe propor para reconhecer e eliminar crenças limitantes, mas confesso que o resultado é surpreendente.

Contudo, preciso fazer um alerta. Você pode ter um choque no próximo capítulo, pois a descoberta das crenças é algo impactante como já disse. Só que agora você já sabe que o alimento das crenças é a conspiração RPR somada à disputa por sua atenção. Com isso, o meu alerta é que você só entre no próximo capítulo se você estiver com 100% de clareza sobre a conspiração RPR e suas implicações. Essa consciência é a chave do sucesso do seu Tratado da Prosperidade.

VAMOS PROSPERAR? CHECKING POINT*

1. As 3 maiores descobertas que você teve sobre a conspiração RPR foram...

_____
_____
_____
_____
_____

2. As 3 maiores influências que a conspiração RPR tem gerado sobre sua prosperidade atual são...

_____
_____
_____
_____
_____
_____
_____
_____
_____

3. As 3 atitudes que você pode ter imediatamente para bloquear a conspiração RPR na sua prosperidade são...

_____
_____
_____
_____
_____
_____
_____
_____
_____
_____

* **Nota:** Caso você não queira escrever no seu livro, disponibilizamos os exercícios para *download* em www.luzdaserra.com.br/otratado

A **Lei da Evolução Constante** quer que você **SEJA RICO.**

@brunojgimenes
#otratadodaprosperidade

5

AS CRENÇAS NEGATIVAS ANTIPROSPERIDADE

"A pobreza nega a expressão plena do amor."

Antes de começar eu preciso apresentar algumas definições de "crença":

Crença é o estado psicológico em que um indivíduo adota e se detém a uma proposição ou premissa para a verdade, ou ainda, uma opinião formada ou convicção (*The Stanford Encyclopedia of Philosophy*; Dicionário UNESP do Português Contemporâneo).

Nesse exato momento, tudo o que eu desejo para você é que sua crença de ser rico seja a maior e mais poderosa crença da sua vida. Mas quem pode garantir se você realmente "instalou" a crença que ser rico é algo poderoso, necessário?

Quem garante que inconscientemente você não possui crenças que atuam justamente contra toda e qualquer ideia de prosperidade?

Como podemos saber se sua mente já não vem sofrendo profunda influência da conspiração RPR?

Quem pode garantir que a programação para o fracasso, a escassez e a limitação não está atuante no seu nível inconsciente?

A verdade é que a resposta é tão simples quanto rápida, pois basta observar sua vida, sua liberdade, sua felicidade e sua abundância.

Basta perguntar se você é tudo o que pode ser ou se está sendo o que dá para ser.

Basta perguntar a si mesmo se tem a liberdade, a leveza, a realização e a abundância que sempre sonhou, ou até mais do que o melhor dos seus sonhos.

Como você pode ver, desaprendemos a sonhar grande. Talvez você discorde de mim. Talvez concorde. Portanto, apenas por descargo de consciência, vou lhe fazer uma pergunta e assim que entendê-la, você terá 10 segundos para respondê-la.

Aceita o desafio? *Desejo que sim!*

Lá vai:

Quais são os seus três sonhos grandes? Não vale sonho médio, tem que ser supergrande!

Responda o mais rápido que puder, só depois continue lendo.

Você conseguiu? Respondeu rapidamente três sonhos grandes em menos de 10 segundos?

Se você fez isso você está muito bem, parabéns! Você é muito diferente da maioria e sua mente está muito bem protegida das crenças limitantes.

Contudo, acredito por experiência própria (minha vida e de meus mentorados) que não foi nada fácil pensar em três sonhos grandes em menos de dez segundos. Creio que, se você conseguiu pensar em apenas um sonho em 30 segundos, já é algo a se comemorar.

Esse é um simples exercício que mostra como nossas crenças são muito mais limitantes do que prósperas.

Da mesma forma que as crenças podem ser limitantes e bloqueadoras da sua prosperidade, elas também podem ser abundantes. Tudo depende do exercício que fazemos para conquistar tal estado.

O seu Tratado de Prosperidade passa por remover as crenças limitantes e instalar as crenças prósperas. Lembre-se mais uma vez, mantenha em mente as motivações para ser rico, muito rico, milionário ou bilionário.

Nunca se esqueça que o maior pecado que você pode cometer é o de não ser tudo aquilo que você pode ser, o de se contentar com a mediocridade.

Então, agora é hora de fazer uma das atividades mais poderosas e transformadoras do seu Tratado. Descobrir as suas crenças limitantes da prosperidade.

Ao longo da minha jornada como mentor de prosperidade eu venho catalogando as principais crenças existentes. Por isso, eu decidi trazer todas elas para você avaliar.

O exercício é muito simples, uma por vez, leia a crença negativa em voz alta. Logo em seguida, feche os olhos e apenas sinta. A resposta é mais simples ainda. Se você sentir que aquela crença existe ou lhe afeta, marque um X na crença.

Após a sua avaliação, passe para a próxima crença e faça do mesmo modo, fechando os olhos e analisando se há ou não afinidade.

Bom, você já entendeu né?

Mas, um aviso! Não fique se julgando, achando que está abafando porque reconheceu poucas crenças ou que você é a pior das pessoas porque detectou muitas delas. Esqueça esse julgamento agora, combinado?

Concentre-se, faça o seu melhor!

EXERCÍCIO – 118 CRENÇAS LIMITANTES

1. Dinheiro é sujo.	( )
2. Dinheiro pode ser a causa de muitos problemas.	( )
3. Dinheiro não traz felicidade.	( )
4. Sem dinheiro você não é ninguém.	( )
5. Dinheiro não compra saúde.	( )
6. Dinheiro destrói a família.	( )
7. Dinheiro corrompe as pessoas.	( )
8. Só consegue ficar rico quem vem de família rica.	( )
9. Dinheiro é, na verdade, a raiz de todo o mal.	( )
10. Ricos são todos desonestos.	( )
11. Ficar rico dá muito trabalho e muita mão de obra.	( )
12. Ter muito dinheiro é muita responsabilidade.	( )
13. Ficar rico é uma questão de sorte.	( )
14. Se eu ficar rico não vou ter tempo para mais nada.	( )
15. É melhor ser honesto e pobre do que rico e desonesto.	( )
16. Se eu ficar rico alguém vai querer o que é meu.	( )

17. Se eu tiver muito dinheiro serei ganancioso.	( )
18. Eu não sou bom com número e com finanças.	( )
19. Não é certo que eu ganhe mais do que meus pais.	( )
20. Sou muito jovem para conseguir ser rico.	( )
21. Sou muito velho para conseguir ser rico.	( )
22. Segurança financeira vem de um emprego seguro.	( )
23. Gente rica não é feliz.	( )
24. Gente rica perde a simplicidade e a humildade.	( )
25. A maioria dos ricos fez algo errado ou desonesto para se tornar rico.	( )
26. Para ser rico você tem que usar as pessoas e tirar vantagens delas.	( )
27. Para ser rico você precisa de "padrinhos" e pessoas que te favoreçam.	( )
28. Dinheiro é escasso e não tem para todos.	( )
29. Se eu ficar rico isso significa que alguém vai ficar sem.	( )
30. Eu não preciso de nada mais do que o suficiente para viver.	( )

31. Dando para pagar as minhas contas, já estou feliz.	( )
32. Se eu conseguir ficar rico, pode ser que eu perca tudo.	( )
33. Dinheiro não é importante.	( )
34. Dinheiro não cai do céu e nem dá em árvores.	( )
35. Você não pode ganhar dinheiro fazendo o que você gosta.	( )
36. Dinheiro é necessário só para pagar as contas.	( )
37. Considerando o meu passado, é muito difícil eu me tornar rico.	( )
38. Considerando a minha realidade agora, é difícil acreditar que serei rico algum dia.	( )
39. Eu não preciso aprender a lidar com dinheiro, eu nunca vou ter dinheiro mesmo.	( )
40. Quando estou triste ou ansioso, o melhor remédio é gastar.	( )
41. Meu marido/esposa/pais é que cuidam das minhas finanças.	( )
42. Dinheiro atrai inveja.	( )
43. Não quero cair na faixa mais alta do imposto de renda.	( )

44. Meu parceiro(a) é gastador(a).	( )
45. Se eu enriquecer posso ser sequestrado.	( )
46. Para ganhar mais dinheiro vou ter que me matar de trabalhar.	( )
47. Não vale a pena poupar, o que importa é viver agora e o dinheiro foi feito para gastar.	( )
48. Tanto esforço para ganhar dinheiro pode acabar com a minha saúde.	( )
49. Se eu ficar rico todo mundo vai me pedir uma ajudinha.	( )
50. Rico não vai para o céu.	( )
51. Não gosto de mexer com dinheiro.	( )
52. Eu não consigo economizar.	( )
53. Economizar para que? Nunca vou ficar rico mesmo.	( )
54. Quando eu ganhar mais dinheiro posso começar a economizar.	( )
55. Pessoas ricas não são bem vistas e não têm amigos verdadeiros.	( )
56. Os ricos são esnobes.	( )
57. A gente deve ter suficiente para viver, mais do que isso é cobiça e ganância.	( )
58. Leva muito tempo para ficar rico.	( )

59. Para se ganhar alguma coisa tem que se abrir mão de outra.	( )
60. É mais fácil um camelo passar no buraco da agulha, do que um rico entrar no Reino dos Céus.	( )
61. Os ricos só pensam em dinheiro.	( )
62. Eu não tenho conhecimento suficiente para adquirir riqueza.	
63. É muito fácil perder tudo, por isso é melhor desfrutar do dinheiro enquanto é possível.	( )
64. Se eu tiver muito dinheiro vou perder a minha essência.	( )
65. Para se tornar rico é necessário ter amizades por interesse.	( )
66. Ninguém ficou rico na família, eu não sou diferente.	( )
67. Ter um monte de dinheiro me faz ser menos espiritual e puro.	( )
68. Ficar rico não é para pessoas como eu.	( )
69. Se eu realmente lutar para ficar rico e falhar, vou me sentir um perdedor.	( )
70. Eu tenho potencial para ser rico só preciso de um tempo.	( )
71. Eu tenho potencial para ser rico só preciso da oportunidade certa.	( )

72. Eu tenho potencial para ser rico só preciso que alguém rico me descubra.	( )
73. Esse não é o momento ideal para que eu comece o caminho da riqueza.	( )
74. Esse momento da economia não favorece que eu fique rico.	( )
75. É preciso dinheiro para fazer mais dinheiro.	( )
76. É difícil ficar rico hoje em dia porque todas as oportunidades já foram pegas.	( )
77. Eu já tentei ficar rico e as portas já se fecharam para mim.	( )
78. Ser rico traz confusão demais.	( )
79. Quanto mais se tem mais se quer ter.	( )
80. Se eu enriquecer nunca vou saber se as pessoas gostam de mim pelo que eu sou.	( )
81. Se eu enriquecer a minha família e meus amigos vão me criticar.	( )
82. Não gosto de me arriscar.	( )
83. Esse negócio de economizar é para economistas, não para mim.	( )
84. Não me sinto bem perto de pessoas bem-sucedidas.	( )
85. Tenho que guardar dinheiro e estar preparado para os dias difíceis.	( )

86. Se eu ficar rico terei que abrir mão da minha família e de valores importantes para mim.	( )
87. Nem todos podem ser milionários.	( )
88. As pessoas ricas são más e antiéticas.	( )
89. Os milionários são egoístas/egocêntricos.	( )
90. Quando a esmola é demais o santo desconfia.	( )
91. Se eu tiver muito dinheiro os outros vão me julgar por isso.	( )
92. Se eu colocar minha bolsa encostada no chão o dinheiro vai embora.	( )
93. É mais tranquilo eu querer uma vida na classe média.	( )
94. Nunca troque o certo pelo duvidoso.	( )
95. Se eu tiver dúvidas então é melhor nem tentar.	( )
96. Se eu fico nervoso é sinal de que o caminho não é esse.	( )
97. Não há volta se eu fracassar.	( )
98. Eu deveria ser sempre perfeito em tudo que eu faço.	( )
99. Se sinto medo é improvável que eu tenha sucesso.	( )
100. O medo e a ansiedade são sinais claros do caminho errado.	( )

101. A gente ganha pouco, mas se diverte.	( )
102. Eu preciso pagar pelos erros que cometi.	( )
103. Sinto raiva deste governo corrupto que ferra minha vida.	( )
104. Não tem como prosperar com o governo mamando nas minhas tetas.	( )
105. Sinto raiva do meu pai ou da minha mãe.	( )
106. Sinto raiva da minha família.	( )
107. Sinto raiva do meu irmão mais velho.	( )
108. É muito bonito superar problemas financeiros.	( )
109. Sou assim mesmo. Fazer o que, né?	( )
110. Não tenho, não posso, a vida não é fácil! Tá pensando que é moleza?	( )
111. Não se pode confiar em ninguém.	( )
112. O sucesso só pode vir se eu sofrer muito para conquistá-lo.	( )
113. Os outros são tão melhores do que eu. Por que eu ficarei rico?	( )
114. Sou pobre, mas sou honesto.	( )

115. Não sou capaz de conseguir um trabalho melhor.	( )
116. Sem sofrimento e perdas não há ganho.	( )
117. Sem dinheiro não é possível ser feliz.	( )
118. Sou o menos inteligente da família.	( )

Então, como foi sua experiência? Desejo que tenha sido profunda, de entrega e comprometimento, porque suas crenças são a chave para a mudança rápida de prosperidade e a construção do seu Tratado.

O primeiro passo da cura é a consciência de que algo precisa ser curado. Você acabou de dar esse passo importante. **PARABÉNS!**

COMO CURAR SUAS CRENÇAS LIMITANTES

1. Em primeiro lugar, fique consciente sobre a existência de crenças limitantes em simples momentos da sua vida. Não deixe que elas governem as suas atitudes.

2. A cada crença percebida (agora e sempre), responda:

🗝 Por que eu acredito nisso?

🗝 O que acontecerá se eu parar de acreditar nessa crença limitante?

🗝 Essa crença é realmente minha ou de alguém próximo a mim?

🗝 O que eu posso fazer para parar de acreditar nisso?

3. Refaça esse exercício de tempos em tempos para avaliar o quanto está conseguindo se manter na sua decisão de prosperar e se está sabendo se proteger da conspiração RPR. Será uma ótima forma de perceber seu progresso e se manter alerta.

Enfim, posso lhe dizer que, ao concluir esse exercício e ter acessado esse conhecimento poderoso, você deu um grande, impactante e transformador passo na sua prosperidade.

VAMOS PROSPERAR? CHECKING POINT*

1. Neste momento o seu nível de comprometimento com o seu propósito de prosperar é de... (Dê sua nota de 0 a 10) _____

2. O que você já mudou desde que começou a ler este livro? (Complete escrevendo o que já mudou na sua mente desde que começou a ler O Tratado da Prosperidade)

_____
_____
_____

3. Baseado no exercício das crenças e na sua opinião sincera, as 3 crenças limitantes que mais estão atrapalhando a sua vida são...

_____
_____
_____

* **Nota**: Caso você não queira escrever no seu livro, disponibilizamos os exercícios para *download* em www.luzdaserra.com.br/otratado

Não há nada de nobre em dormir com **dor no estômago** de tanta **FOME.** Isso é pecado.

@brunojgimenes
#otratadodaprosperidade

6

A CHAVE PARA CONQUISTAR TANTA PROSPERIDADE QUANTO VOCÊ DESEJAR

"Você nunca estará ocupado demais para fazer algo em prol da sua prosperidade."

O que me motiva profundamente em compartilhar os pilares essenciais desse conhecimento transformador é porque ele é todo baseado nas leis naturais do universo. E, por isso, não importa quem você é, o que você faz, o seu QI, o seu grau de escolaridade, a sua idade, as suas crenças, a sua cor de pele.

Não importa se você está saudável, se está doente, se quer resolver problemas crônicos ou se quer deixar sua vida e sua prosperidade melhores ainda. O método funciona porque respeita as leis naturais existentes na vida de qualquer pessoa.

Existe algo que está em tudo e age sobre todos, que dá origem e vida a tudo que vemos ou não vemos. Essa substância é chamada de **Substância Essencial, Matriz Essencial ou Matriz Divina**, que era como dizia Wallace Wattles, autor da revolucionária obra *A Ciência para Ficar Rico*.

Aquilo que no passado era considerado místico, esotérico, hoje mostra-se como a base pela qual flui todo o conceito da força do pensamento positivo. Essa é a base pela qual se apoia toda a visão da lei da atração e do conceito de ser o criador da sua própria realidade.

Esse é o aspecto mais importante que você precisa para aplicar um dos pilares mais fortes do Tratado da Prosperidade, que é o da organização das suas metas.

Veja algumas citações de Wallace Wattles no livro *A Ciência para Ficar Rico*:

> O pensamento é a única força que pode produzir riquezas tangíveis, originárias da substância amorfa. A matéria de que todas as coisas são feitas é uma substância que pensa, e pensando nas formas esta substância as produz. A substância original move-se de acordo com seus pensamentos; cada uma das formas que se processa na natureza é a expressão visível de um pensamento da substância original.

Quando a matéria amorfa pensa em uma forma, ela se cria; quando pensa em uma ação, ela se faz. Foi deste modo que todas as coisas foram criadas. Nós vivemos em um mundo de pensamento, que é parte de um universo de pensamento.

Essa é uma entre tantas formas que já existem no mundo de explicar a Matriz Divina.

> Eu vou explicar de uma outra forma, para enriquecer o entendimento.

Desde as mais remotas civilizações, dos mais antigos pesquisadores, o homem sempre procurou conhecer o quinto elemento, o éter. Também recebeu diversos nomes diferentes de acordo com as civilizações do mundo, como Ki, Chi, Prana, Quinta Essência, entre tantos outros. Estamos falando da energia cósmica, a força vital que é o princípio da vida no universo. Nós manipulamos essa força o tempo todo. Conscientes ou não, estamos a todo momento exercendo influência sobre a forma com que essa energia se manifesta e se propaga.

> Você já pensou qual é a força que mantém os planetas, os sóis e as estrelas arranjadas e distanciadas da forma que estão?
>
> Você já parou para refletir sobre o que mantém o arranjo geométrico de cada molécula, de qualquer substância química?
>
> **A resposta é simples: a energia cósmica.**

Observe que não é novidade para ninguém um fato: **neste universo tudo é matéria ou energia**. Porém, quando estudamos profundamente uma amostra de matéria, como a da cadeira que você pode se sentar todos os dias, percebemos que na estrutura do material que formou o artefato encontramos moléculas, que por sua vez são constituídas de átomos. Esses são formados por elétrons, partículas em constante movimento. Portanto, o que temos como matéria, na sua concepção básica, nada mais é do que energia arranjada em diferentes formas.

> A energia cósmica permeia todos os espaços vazios, sustentando o arranjo de cada estrutura.

Sim, tudo é energia! Até aqui temos uma definição básica bem conhecida.

A partir daqui podemos reconhecer nitidamente que nossos pensamentos têm a capacidade de influenciar a matéria. Muitos fenômenos que ocorrem em nosso dia a dia acontecem em decorrência de estímulos provocados sobre a energia cósmica. Quando provocamos alterações na vibração da matéria, podemos identificar os seguintes acontecimentos:

1. Ao tocar a corda de um violão, sua oscilação provoca um movimento em determinada frequência, e, em consequência, surge o som. Nesse caso, o som é uma variação da vibração da energia cósmica.

2. Ao aumentar o estímulo da vibração em um material como uma barra de ferro, obtemos o calor.

3. Ao gerar um estímulo de maior frequência em um filamento metálico, obtemos a luz.

O SEGREDINHO QUE MUDA TODA SUA PROSPERIDADE

Essas são apenas algumas formas de demonstrar diferentes manifestações dessa energia que constrói continuamente o universo. E qual a relação dessa energia com a capacidade de criar nossa realidade?

Ocorre que um estímulo de maior frequência que a vibração da luz pode ser promovido pelo pensamento focado. Todo pensamento, quando bem definido, poderá oferecer uma vibração própria, com base na natureza de seus elementos. Na prática, o seu pensamento produz uma vibração que influencia diretamente a energia cósmica. Assim como a corda de um violão produz um som, seus pensamentos produzem uma vibração.

A partir disso, todos os pensamentos podem aproximar ou distanciar energias de mesmo padrão, pelo princípio da atração magnética. Segundo alguns pesquisadores, é essa a força magnética que aproximou dois átomos de hidrogênio para darem início à formação física do mundo ao qual conhecemos.

Toda matéria ou energia sentirá a influência de seus pensamentos.

Entenda que a energia emitida por seus pensamentos pode alterar o estado natural de tudo, seja matéria, seja energia. Depois disso, tanto matéria quanto energia continuarão a atrair magneticamente mais elementos de mesma vibração. Tudo no universo está interligado.

Esse é o começo de tudo, a fonte na qual se apoia todo conhecimento acerca da força do pensamento positivo. Se ele pode alterar a energia cósmica que sustenta a vida no Universo (Matriz Divina), obviamente poderá influenciar a ordem estrutural de qualquer matéria independente de distância, tempo, direção, porque é a força de vida que está em tudo e age sobre todos.

Conhecendo essa lei natural e usando-a com discernimento e disciplina, podemos conquistar cura, aproximar novidades, criar bem-aventurança, paz, harmonia, prosperidade e cultivar o amor, a mais sublime das variações da energia cósmica.

Nos resta aprender a criar pensamentos que despertem emoções intensas na direção de nossas metas. Essa energia gerada formará um padrão vibratório específico, como um campo de força ao seu redor.

Pela ação dessa força de atração magnética, esse campo de energia criado por você passará a atrair elementos, materiais ou imateriais, físicos ou extrafísicos, de mesma frequência.

Daí a importância de, quando quiser algo para sua vida, você fechar os olhos e procurar imaginar como seria se seu desejo já tivesse sido realizado.

Para criar a realidade que você deseja, antes você precisará criá-la em sua mente, em seus sentimentos. Quando conseguir sentir a sensação dos objetivos alcançados, mesmo que fisicamente ainda não esteja em suas mãos, você já terá dado início à sua criação consciente.

Essa é a chave de tudo!

Quando você consegue desenvolver as melhores técnicas que ativam esse mecanismo natural, de forma consciente e organizada, você pode ser tornar o Criador da Sua Realidade.

DESMISTIFICANDO UM DITADO POPULAR

O ditado popular que diz: "Dinheiro chama dinheiro, pobreza chama pobreza" tem sentido?

Acredite, recebemos perguntas relacionadas a essa questão diariamente. Eu já vou responder. Mas antes eu preciso lhe explicar o que é o ponto de atração, porque assim esse conhecimento que estou lhe passando ficará mais organizado.

Eu expliquei anteriormente como a vibração da energia cósmica pode resultar em diferentes manifestações, como o som, o calor e a luz, certo?

Pois agora vou lhe mostrar algo revelador: O DNA da Prosperidade.

DESCUBRA QUAL É O SEU DNA PARA A PROSPERIDADE

Assim como o som vibra em uma frequência diferente do calor, que também é diferente da luz, cada pessoa cria uma resultante vibracional.

Eu quero dizer que todos temos um padrão de vibração que é intimamente ligado ao estado mental e emocional de cada um de nós. Em outras palavras, se você sente alegria, medo, tristeza, angústia, rancor e gratidão em um único dia você terá uma resultante final que determinará o seu ponto de atração.

O ponto de atração é o seu nível de energia, é a sua sintonia pessoal. Cada rádio exibe sua programação em uma determinada sintonia, certo?

Por exemplo: se você quer ouvir rock, você já sabe a sintonia que precisa acessar. Cada ser humano também é assim. *Cada um de nós é como uma estação de rádio, e o que determina a sintonia é o resultado dos pensamentos e sentimentos.*

E a pergunta que você mais precisa saber responder é: **Qual é o seu ponto de atração agora?**

O seu ponto de atração é a resultante vibracional que você compõe todos os dias de acordo com a natureza de tudo o que pensa e sente.

O que você pensa e sente manifesta um campo eletromagnético que denuncia sua sintonia.

Ao aplicar um pensamento focado na Matriz Divina ou substância amorfa, você a manipula para que assuma uma vibração específica. Ao colocar um pensamento focado sobre qualquer coisa, qualquer objetivo, você cria a primeira manifestação material do seu sonho, que é invisível, mas já gravita ao seu redor porque já está atuando no seu campo energético.

Ao aplicar um pensamento focado na substância essencial, essa substância assume a forma do pensamento, e isso cria um campo de energia ou uma aura no universo. Pessoas com maldade têm aura de maldade, comediantes têm aura de comédia, bebês têm aura de inocência e prósperos têm aura de prosperidade.

É tudo isso que o Tratado da Prosperidade propõe para você! E, acredite, se você fez tudo o que foi proposto até aqui, você já está bem adiantado no seu processo.

Mas, lembre-se, quando você se preocupa que um grande mal pode acontecer, você está projetando um magnetismo desse medo, que passa a se tornar real à medida que você alimenta o mesmo pensamento. Somos criadores de realidades, tanto positivas quanto negativas.

Criamos o campo de energia das manifestações. Se você sustenta os pensamentos focados, sejam positivos, sejam negativos, você os manifesta.

A vibração resultante de cada ser (ponto de atração) vai atrair semelhantes vibracionais. Ou seja, semelhante atrai semelhante.

O tema "ponto de atração" foi tratado em profundidade na obra que escrevi em parceria com a minha sócia, Patrícia Cândido, no livro *O Criador da Realidade: A Vida dos Seus Sonhos é Possível*.

Se semelhante atrai semelhante, pela força da lei da atração, descobrir e cuidar do seu ponto de atração é atitude essencial para garantir os acontecimentos futuros que vão se manifestar na sua vida.

Sim! Alguma semelhança com a expressão bíblica que diz **"Orai e Vigiai"**?

Por essa razão, tristeza chama tristeza, alegria chama alegria. É por isso também que pobreza chama pobreza e dinheiro chama dinheiro. Pessoas em sintonias escassas vibram na sintonia do ponto de atração da pobreza. Já as pessoas prósperas vibram no ponto de atração da prosperidade.

O que atrai dinheiro ou pobreza é justamente o ponto de atração.

Em função disso, quando você se preocupa com a sua prosperidade e fica com medo, acuado e assustado, tudo piora e a prosperidade foge de vez.

Quanto mais você sofre, mais você reduz o seu ponto de atração e mais você atrai acontecimentos de ponto de atração mais baixo. Mas saiba que qualquer pessoa pode mudar a sua prosperidade radicalmente em pouco tempo, desde que saiba controlar suas atitudes, seus hábitos, seus pensamentos e, principalmente, suas crenças limitantes.

É preciso entender que você é um ímã que atrai para si todas as situações de acordo com a sua resultante emocional/sentimental, que todo ser humano produz. É perdoável sentir emoções negativas por cinco minutos, é humano e natural. Mas, a maior parte do tempo, o seu foco deve estar no que você ama e no que deseja conquistar.

A todo momento você está enchendo uma das gavetas que tem. Sim, considere a ideia de duas gavetas, a dos sentimentos elevados e a dos sentimentos ruins.

Ao sentir amor e gratidão na maior parte do tempo, você atrairá mais coisas, situações e acontecimentos para sentir mais gratidão.

} Porém, não se engane e preste muito atenção para entender bem como isso funciona.

Quando você sente amor e gratidão, o universo lhe traz mais do mesmo. Mas isso não quer dizer que o universo vai lhe dar toda a prosperidade do mundo, porque ele só vai trazer mais da mesma felicidade que você está sentindo, ou seja, a manutenção do estado atual, e não uma vida 10 vezes mais próspera e divertida. E esse é um ponto extremamente importante que falaremos a seguir.

Se o seu ponto de atração é fundamentalmente o que cria a sua realidade, e ele é gerado pelo conjunto de sentimentos e pensamentos, **por que é tão difícil ter um bom ponto de atração?**

A resposta, bem mais simples do que parece, baseia-se em 3 pilares:

1. Não conhecemos o poder real da **gratidão**, nem como acioná-la da maneira correta.

2. Não sabemos organizar os objetivos com **clareza e direcionamento**. Falhamos na regra dos 68 segundos e ainda **perdemos o foco** no dia a dia.

3. Crenças limitantes. Quase sempre **inconscientes**, elas derrubam o seu ponto de atração sem que você perceba.

(Nos próximos capítulos eu vou apresentar com detalhes os itens 1 e 2)

O CAMPO ENERGÉTICO DA PROSPERIDADE

Qualquer fluxo pessoal é, no entanto, a resultante de outros fluxos a que se está ligado, logo, o que acontece ao seu redor influencia diretamente a sua prosperidade. O que acontece em uma distância maior influencia um pouco menos, e o que ocorre há uma grande distância influencia muito pouco.

Pense na prosperidade como um lago. Então, imagine que você entra nele para nadar ou brincar na água. A porção de água próxima ao seu corpo fica agitada com qualquer movimento seu, provocando ondas ao seu redor em uma distância um pouco maior. Já o lago em si, como um todo, pouco sente a sua movimentação na água – se você tomar como base um raio de mais de 10 metros.

A prosperidade é assim também. Tudo o que você faz a afeta diretamente, mas tudo que está perto de você também lhe afeta em grande intensidade. Por isso, entenda, se você não organizar o seu ecossistema para prosperar, produzindo um ambiente de sintonia elevada nos locais em que mais permanece, dificilmente você irá prosperar.

No próximo capítulo, eu vou lhe ensinar como usar as possibilidades da Matriz Divina na prática do seu dia a dia.

Tristeza chama TRISTEZA. Alegria atrai **alegria**. Pobreza chama **pobreza.** Dinheiro atrai mais **DINHEIRO.**

@brunojgimenes
#otratadodaprosperidade

7

COMO USAR AS POSSIBILIDADES DA MATRIZ DIVINA PARA CONQUISTAR SUAS METAS

"O sucesso é medido em ser o que você quer ser, e não o que deu para ser."

Construir as suas metas é o caminho para criar o pensamento focado que modifica a Matriz Divina, pois impregna nela a essência do pensamento.

Você aprendeu no capítulo anterior que essa é a chave mestra do processo de criar a vida dos seus sonhos.

Se você tem metas claras e definidas, o pensamento fica focado e a estruturação da substância amorfa acontecerá com agilidade.

E, na prática, manipular a Matriz Divina ao seu favor é algo que deve acontecer com a ajuda de algo tanto simples quanto possível: **Metas!!!**

<small>Sim, metas!</small>

Existem muitas definições de metas. Alguns separam metas de sonhos ou propósitos. Outros consideram uma única coisa. Aqui, para simplificar o processo, simplesmente vamos chamar seus sonhos e objetivos de metas.

Existe um processo claro e simples para fazer a Matriz Divina agir ao seu favor da forma certa e mais rápida possível. São os 3 pilares da Lei da Atração. Este é o mecanismo pelo qual a Matriz Divina se manifesta na sua vida.

Considere que a lei da atração atuará na sua vida em 3 etapas simples:

PEÇA ▶▶ ACREDITE ▶▶ RECEBA

PEDIR

Pedir significa simplesmente pensar. Quando o seu pensamento está em algo, você está vibrando na frequência dele, ou seja, tudo o que você pensa tem uma vibração específica.

Na prática, se você pensa em uma criança risonha, sua vibração acompanha o pensamento. Se você pensa sobre a história do assalto que você viu em um programa de TV, você manifesta a vibração de assalto. A cada pensamento você expressa a vibração de mesma natureza. Para a lei da atração e a Matriz Divina, significa que você está pedindo, pois, ao vibrar em uma determinada frequência, passará a atrair mais do mesmo.

O segredo, no entanto, é que você **fixe o seu pensamento na meta**, imaginando como se ela estivesse realizada, e que se concentre nessa imagem mental por ao menos **68 segundos**.

Os autores Jerry e Esther Hicks, responsáveis por difundir um grande legado sobre a lei da atração, explicam em seu aclamado livro *Peça e Será Atendido* que a lei da atração é ativada a partir de 68 segundos de foco no pensamento. Em outras palavras, essa é uma regra que explica o motivo pelo qual pensamentos intrusos de negatividades não se tornam realidade, pois você os elimina antes mesmo de 10 segundos. Entretanto, também explica porque estudantes da força do pensamento positivo não conseguem criar seus sonhos com o uso da lei da atração.

Aqui está a resposta: você precisa se concentrar na imagem do sonho realizado por no mínimo 68 segundos. Não basta só pedir, você precisa focar seu pensamento e imaginar o seu sonho já realizado, em uma visualização mental de ao menos 68 segundos.

Imagine pessoas que só falam de desgraças o dia inteiro.

Imagine pessoas que ficam reclamando da vida, do governo, dos outros, o tempo todo.

Que tipo de vibração elas estão propagando para o universo? Por consequência, elas estão atraindo mais do mesmo!

Pedir é pensar. Porém, o seu pensamento precisa ser focado com clareza e concentração por, no mínimo, 68 segundos.

ACREDITAR

Acreditar é sentir. Quando você imagina algo (pensando), você visualiza a situação específica que desperta um sentimento. Não importa se você sente felicidade, medo, excitação, leveza, afeto, no momento em que seu pensamento projetado despertar uma emoção, o segundo pilar da lei da atração será ativado. Acreditar é despertar um sentimento que vem do pensamento focado.

Ao imaginar algo e sentir algum tipo de emoção (qualquer que seja) do pensamento, você ativou o segundo pilar.

Dessa forma, o medo que algo aconteça pode ser um ativador poderoso. A excitação por uma expectativa também pode ser um fator de ativação poderoso.

Os seus medos podem se tornar reais, então, vigie sempre seus pensamentos e use ao seu favor a regra dos 68 segundos. Começou a pensar em algo que você tem medo, imediatamente diga: "Limpa, cancela, para, deleta".

Da mesma forma, você pode escolher os melhores pensamentos e, com isso, ativar os mais sublimes sentimentos. **Você escolhe sempre!**

Mas, lembre-se, os objetivos devem ser muito claros e definidos. Quanto mais clareza das metas, mais a lei da atração trabalhará ao seu favor.

RECEBER

Como mentor de prosperidade, reconheço que essa é a maior dificuldade que os mentorados enfrentam, porque devemos considerar várias particularidades para "receber" o que pedimos.

Tecnicamente falando, ao aplicar corretamente os dois primeiros pilares da lei da atração, o universo trabalha para fazer as leis de magnetismo e atração aproximarem de você a vibração semelhante à do pensamento original (**meta visualizada**).

Contudo, receber é algo que pode acontecer de várias maneiras. O mais importante é que você se mantenha na mesma consistência do pedir **(mínimo 68 segundos de pensamento focado)** e acreditar **(emoção aflorada do pensamento)**. A qualquer momento que você oscilar o **"peça + acredite"**, o **"receber"** não virá. Entenda isso acima de tudo.

Se você não mantiver sua intenção, fazendo a sua parte da forma incorreta, o "receber" é carregado de aleatoriedade, ou seja, não há um padrão definido.

O "receber" pode significar que alguma coisa vai cair no seu colo, com pouco esforço de ação. Não nego que algumas vezes acontece. Entretanto, o mais comum do terceiro passo é que, para receber, você precisa ficar muito atento às sincronicidades. Ao compreendê-las, o seu maior desafio surgirá:

Saber agir quando for o momento!

Agir quando a oportunidade surge é um grande desafio, porque quase sempre existe o medo, a insegurança, a preocupação com o que os outros vão pensar, o julgamento da família e da sociedade.

Aqui muita gente trava! A lei da atração começou a manifestar sincronicidades e oportunidades reais na sua vida? Então, tudo o que você precisa é agir. Mas muitos não agem, porque sentem medo, porque estão na zona de conforto, porque não querem trocar o certo pelo duvidoso.

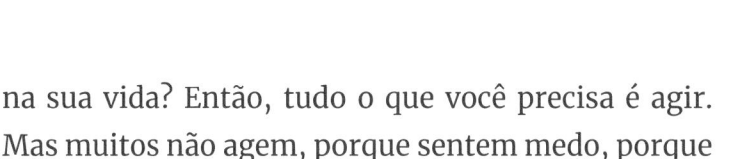

Esse é mais um motivo pelo qual eu sempre digo que o ingrediente principal da prosperidade é viver a sua missão de vida, ser o que nasceu para ser. Na minha concepção de vida, não há prosperidade se não existir esse alinhamento. Sempre atuei dessa forma. Já mentorei pessoas que, apesar de saberem tudo sobre educação financeira, não conseguiam prosperar.

Tudo isso porque elas não sabiam que a prosperidade é um estado de consciência que carrega em si três pilares básicos: ser feliz, saudável e rico.

No trabalho de mentoria da prosperidade, não nego que o maior desafio dos mentorados é justamente vencer os seus limites e organizar os seus potenciais, para que possam aproveitar as sincronicidades com unhas e dentes.

Então, lembre-se: toda meta que você determinar passa por esses 3 pilares básicos para que seja manifestada na sua vida física. Esse é o segredo das metas superousadas, aquelas que um dia pareciam impossíveis, mas que serão reais.

Agora que você já conhece tudo o que precisa saber para fazer a Matriz Divina lhe dar tudo o que você sonha e fazer a lei da atração trabalhar ao seu favor, chegou a hora de realizar algo que vai determinar seus próximos passos nessa escalada de prosperidade. Vamos construir suas metas, de forma bem clara e definida.

O exercício a seguir é parte fundamental do seu Tratado. Contudo, ele precisa respirar.

Ao escrever um livro, descobri que há algo que faz toda a diferença. Eu me empenho na produção da obra e, quando acho que está tudo praticamente pronto, eu paro! Eu decido esperar algum tempo, que pode variar de uma semana até alguns meses, de acordo com o projeto. Quando retomo o trabalho, eu reviso o livro todo novamente e percebo muitas oportunidades de melhorar, simplificar, ajustar e otimizar o conteúdo.

Acredito que esse seja um dos melhores mecanismos para que o material fique o mais prático e transformador possível. E essa é a minha principal dica para o exercício a seguir sobre metas de riqueza. Você pode aplicar nas suas metas a mesma tática que eu aplico nos livros.

A instrução é simples, faça os dois exercícios com toda dedicação e espere alguns dias. Então, avalie novamente as metas que você escreveu e faça os ajustes que fazem mais sentido para você. E você pode ajustá-las a qualquer momento, pois as metas precisam ser lapidadas.

Agora é com você!

**VAMOS PROSPERAR?
CHECKING POINT***

1. As suas 3 metas de riqueza para os próximos 90 dias são... (Cite 3 metas que tenham ligação direta com dinheiro, finanças e riqueza material. Exemplo: economizar determinado valor, fazer um específico trabalho para levantar uma renda extra, fazer uma força tarefa para vender mais, criar uma estratégia para aumentar resultados. Desafie-se! Jamais crie metas que vão aumentar suas dívidas, é justamente o oposto. A ideia desse exercício é criar pequenos degraus de crescimento para aumentar a sua abundância. Seja muito específico a determinar essas metas no papel, dizendo números, sendo específico. Você pode se impor maratonas de estudos, desafios pessoais, etc. Lembre-se que a Matriz Mental precisa de especificidade para ganhar o magnetismo necessário).

_____
_____
_____
_____

* **Nota:** Caso você não queira escrever no seu livro, disponibilizamos os exercícios para download em www.luzdaserra.com.br/otratado

_____
_____
_____
_____
_____

2. As suas 3 metas de riqueza para os próximos 3 anos são...

(Pense sobre sua liberdade financeira, seus sonhos de empreender, de se expandir, de impactar o mundo. Pense nas conquistas que deseja, pense em sonhos ousados. Mas lembre-se de ser específico, caso contrário a substância amorfa não atuará como você deseja. Essas 3 metas são de criação de riqueza. Não se distraia.)

_____
_____
_____
_____
_____
_____
_____
_____
_____
_____

8

O FERMENTO DAS METAS QUE PARECIAM IMPOSSÍVEIS

"A riqueza é uma poderosa energia de possibilidades."

Você já conheceu a **Matriz Divina** e entendeu que ela é capaz de lhe dar tudo o que você sonha. Você já compreendeu que ela trabalha por meio da lei da atração, que, por sua vez, tem um mecanismo baseado em **3 pilares** (**peça, acredite e receba**). (substância amorfa)

Você também estabeleceu objetivos claros e definidos para sua riqueza. Agora é chegada a hora de descobrir os "turbinadores" de metas. São dicas incríveis para que você coloque "fermento" na capacidade de realizar os seus sonhos, mesmo aqueles que pareciam impossíveis.

Lembre-se que as limitações que você se impõe são apenas crenças negativas que limitam o fluir da sua prosperidade, pois não importa o tamanho dos seus objetivos, você pode mais, pois sua natureza é ser tudo aquilo que você pode ser.

A Matriz Divina e a lei da atração vão lhe dar tudo aquilo que você estiver disposto a pedir da forma correta. Esse é um segredo muito pouco compreendido verdadeiramente, mas hoje você tem a chance de entender de maneira profunda todos esses conceitos e catalizar absurdamente as suas possibilidades. Nenhuma limitação que você se impôs é real!

Você pode tudo!
Você pode mais!
Você pode ser tudo
o que quiser ser!

Primeira manifestação física

Escrever a sua meta é a primeira manifestação física dela, afinal, já está no papel! Portanto, escreva e (como você já aprendeu aqui) lembre-se de deixá-la respirar. Revise, analise e volte a lapidá-la.

Existe um segredo poderoso para fazer essa atividade. Ao escrever imagine a meta acontecendo, sinta a sensação enquanto escreve. Entregue-se à imagem da meta realizada e deixe manifestar o sentimento empolgante de tê-la conquistado.

Outra dica incrível é a de escrever muitas vezes a mesma meta, para experimentar o sentimento repetidamente. Muitos mentorados costumam escrever duas vezes ao dia, alguns reescrevem uma vez por semana. Eu acredito que, quanto mais você se entrega, mais aumenta as chances de realizar, mas não só isso, você também faz tudo se manifestar mais rápido.

Testemunhas

Existem vários tipos de pessoas neste mundo, e em nossos amigos encontramos um pouco de todas elas. Contudo, existem alguns amigos que nos apoiam em tudo, vibram por nós e estão sempre torcendo pela nossa vitória. Esse é o tipo de pessoa que você precisa pedir ajuda para essa prática.

Fale com ao menos um amigo desse tipo, diga que ele servirá de testemunha das suas metas de 90 dias e de 3 anos.

Você pode fazer a distância com uma simples ligação, entretanto, nada é mais poderoso do que pegar nas mãos da sua testemunha, olhando-a de frente, fitando os olhos dela e dizendo as suas metas.

Fale as metas em voz alta para ela, em seguida diga: "Fulano, você é testemunha do meu comprometimento para atingir essas metas".

Essa pessoa não precisa fazer nada, ela apenas vai ouvir o que você tem a dizer. Acredite, compartilhar com uma testemunha o seu comprometimento é algo muito poderoso. Invista nessa prática.

Quadro de visões

O quadro de visões é algo divertido e poderoso. Em um mural, que pode ser de uma simples parede ou até um quadro especial, insira imagens que representem as metas que você deseja conquistar, tanto as de 90 dias quanto as de 3 anos.

Coloque as imagens das suas metas realizadas, faça desenhos, escreva mensagens, pinte, recorte revistas e divirta-se!

68 segundos

Já expliquei essa técnica, mas não custa lembrar que todas as suas visualizações de metas precisam estar com o pensamento claro, definido e focado por no mínimo 68 segundos. Se você tem o costume de visualizar de forma muito rápida, a lei da atração vai ter dificuldade de trazer o que você deseja.

Filme

As metas de 90 dias e de 3 anos podem ser colocadas em um único filme do futuro da sua vida. Respire fundo algumas vezes, feche os olhos e se entregue em enxergar como seria a sua vida com todas essas metas realizadas. Você pode misturar todas as metas, não precisa fazer uma a uma, porque afinal todas as suas conquistas coexistiram na sua vida. Mas lembre-se que você precisa ter objetivos claros, definidos, ficar concentrado no filme por no mínimo 68 segundos e ainda despertar sentimentos positivos.

Faça o filme da sua vida enquanto espera para ser atendido em um consultório médico. Faça ao acordar e antes de dormir. Faça no intervalo da tarde ou na hora do almoço. Mergulhe no filme da sua vida com as metas conquistadas. Naturalize esse processo e você vai revolucionar a sua prosperidade.

Entenda que esse processo é um treino. No começo as imagens não estão muito claras, os pensamentos são confusos e a clareza não é perfeita. Mas com o tempo você vai ter muito mais facilidade para visualizar tudo. Lembre-se que prosperidade é treino, é decisão, é tratado! Treine, treine e treine! Valerá a pena.

Prazos

É bem importante colocar datas para a conquista das metas. Elas ajudam a Matriz Divina a tangibilizar melhor o pedido e produzir o magnetismo necessário. Então, não tenha medo de colocar prazos para conquistar suas metas, pois, se por algum motivo não conseguir realizá-las na data estipulada, você simplesmente renova os votos e começa de novo.

Rituais

Crie rituais diários que o coloquem em contato com as suas metas e com as melhores atitudes para sua prosperidade brilhar. Coloque o seu celular para despertar lhe mostrando as suas metas de 90 dias e de 3 anos.

Distribua recados pela casa com mensagens de poder, conte para os amigos "testemunhas" sobre as suas descobertas, atualize o seu quadro de visões com mais fotos, mais detalhes e use a criatividade para ficar vibrando na sintonia certa!

Aproxime-se dos grupos certos e distancie-se dos errados, motive-se a estudar sempre mais, apaixone-se pelo seu Tratado de Prosperidade.

9

MINDSET, A SINTONIA DA PROSPERIDADE

"Ser íntegro é viver de acordo com o que deseja a sua mais profunda essência."

Ao longo deste livro, você já me viu falando de ponto de atração, substância amorfa, lei da atração, etc. Você também descobriu o que é o DNA da Prosperidade, que eu expliquei no Capítulo 6.

O **DNA da Prosperidade** é a nossa credencial vibracional, possível para todos aqueles que tornaram a decisão de prosperar um tratado.

Quando você começa a estudar e a entender que você é o criador da sua realidade – tanto próspera quanto escassa –, compreende que não importa onde você está em termos de prosperidade.

Como vimos!

Assim que decide fazer o que tem de ser feito para ser mais próspero, você descobre que é possível melhorar absurdamente essa realidade.

Nesse caminho, você entende que prosperidade é treino, decisão, tratado, e que não importa o tamanho do problema que está passando, essas limitações são causadas pelas crenças limitantes.

Ao compreender e bloquear a conspiração RPR, dedicar-se a limpar as crenças limitantes, qualquer pessoa está pronta para sonhar, ter suas metas e objetivos, claros e definidos.

Então, pegue esse conjunto de atitudes, esse modo de pensar, e coloque tudo dentro de um único baú, que vamos chamar *Mindset* da Prosperidade.

Esse é o seu Tratado, seguir com o *Mindset* da Prosperidade **HAD**.

(HAD: expressão que uso em minhas palestras e que significa **Hoje, Amanhã e Depois**)

Vou explicar cada elemento que compõe o *Mindset* da Prosperidade:

1. CRENÇA DE SER RICO, MAIS RICO, MILIONÁRIO OU BILIONÁRIO

Ser rico é um propósito inabalável, uma crença mais poderosa do que todas as crenças limitantes que possam surgir.

Durante a sua jornada, você descobrirá mais crenças limitantes que estavam escondidas. E eu sei que você já sabe o caminho para limpá-las. Contudo, nada é mais importante que tornar a crença de prosperar um tratado de vida.

2. CONTROLE DAS CRENÇAS NEGATIVAS

As crenças limitantes para a prosperidade são como ervas daninhas, elas nascem com muita facilidade. Basta você descuidar do jardim da sua consciência que as crenças também podem ressurgir. Tudo isso é aceitável se você continuar vigiando e travando uma constante batalha para arrancá-las com toda a força de sua mente.

3. METAS CONSTROEM A PROSPERIDADE

Definir metas de riqueza claras e definidas para curto prazo (90 dias) e médio prazo (3 anos). E, sempre que são conquistadas, projetar novas metas. Cada meta conquistada é um tijolo da sua construção de prosperidade. Há uma decisão clara em ser tudo aquilo que se pode ser.

4. INTEGRIDADE

No *Mindset* da Prosperidade, a integridade surge como uma das principais forças. No entanto, o conceito de integridade precisa ser expandido ao máximo para que faça sentido no seu Tratado.

Os elementos que sustentam a integridade:

- **Cumprir a palavra**
- **Honrar dívidas**
- **Ajudar o próximo (que deseja ser ajudado)**
- **Respeitar o espaço de cada um**
- **Valorizar o papel de cada um**
- **Assumir erros**
- **Respeitar impostos**
- **Ter retidão de caráter (ser incorruptível)**
- **Propagar a prosperidade ao mundo**
- **Viver a sua missão de vida (ser o que nasceu para ser)**

É importante entender que o principal elemento da prosperidade é a moral, ou seja, a integridade é a chave. Não há integridade com mentiras, passando a perna nos outros ou, ainda, não há prosperidade quando você quer que o outro não tenha para que você tenha!

Esqueça, isso não é prosperidade no sentido pleno do que ela significa. Quando você quer que o outro não tenha para que você possa ter, a substância amorfa toma conta desse pensamento e você começa a atrair mais do mesmo padrão. A sua matriz energética impregnada passará a atrair mais situações de mesmo padrão.

Tome como exemplo os políticos corruptos que roubam gigantescas quantias de dinheiro. Você realmente acha que essas pessoas são felizes e livres?

Eles podem ter pequenos momentos de prazer, mas estão impregnados de medo, com sono perturbado, rodeados de "amigos da onça". Tudo porque a base da prosperidade é moral, o que eles não têm.

Prosperidade é um imenso campo de energia. Para que ele continue crescendo a partir de você, é imprescindível respeitar os elementos de integridade que eu citei anteriormente. Honrar, respeitar e valorizar cada nível do sistema, cada pessoa, cada papel, cada função com generosidade e amor.

5. AUTORRESPONSABILIDADE

A conspiração RPR e a batalha da mídia por sua atenção fazem você se sentir impotente, injustiçado, desamparado e fraco. Querem que você sinta que suas limitações e dificuldades realmente são a culpa da sua falta de sorte. Mas você já sabe que isso são lixos produzidos por essa conspiração, são influências perniciosas que você pode bloquear, pois já conhece os mecanismos.

Diante disso, nada é mais poderoso no caminho do *Mindset* da Prosperidade do que a autorresponsabilidade.

Bata a mão no seu peito e diga: – Eu sou responsável! Eu posso, eu sei fazer a substância amorfa trabalhar ao meu favor. Eu sou o criador da minha realidade, eu sou responsável, ninguém precisa me salvar.

Coloque na sua cabeça que neste exato momento não há ninguém, nem no plano físico, nem no extrafísico, criando um plano mirabolante para você prosperar. Essa é uma das suas missões aqui na Terra, isso só diz respeito a você mesmo.

Se as crenças religiosas são muito impregnadas na sua vida, talvez você se sinta mal, desamparado e triste com essa informação. Quem sabe você sinta que é um pouco injusto.

Eu prefiro aceitar que o mesmo Criador Maior nos amparou totalmente. Mas o jeito que Ele escolheu para nos apoiar foi justamente nos oferecendo a Matriz Divina.

Eu aceito isso como uma verdade, porque essa é a força que eu quero ter, aquela que depende de mim. Mas eu me sinto amparado para ter tudo aquilo que posso ter, ser tudo o que posso ser, me expandir o tanto quanto conseguir.

No meu trabalho de mentor de prosperidade, considero que a virada de chave mais poderosa e transformadora de meus mentorados vem quando eles assumem a autorresponsabilidade como fato consumado!

6. MISSÃO DE VIDA

Nem todo o dinheiro do mundo será suficiente para lhe trazer satisfação se você não estiver alinhado com a sua missão, não trabalhar com a sua vocação e não for satisfeito com a vida que tem, independente das conquistas materiais.

Você tem uma missão de vida, mas quando não a entende e não realiza, produz um profundo sentimento de vazio no peito que tende a fazer com que todo o resto perca o sentido. A fome emocional surge do fato de não se viver a missão, e isso pode consumir todo o dinheiro de uma conta corrente.

7. GRATIDÃO

Este é o poder de todos, porque o uso da gratidão impregna a Matriz Divina com uma vibração mais elevada. Assim, a lei da atração lhe trará mais do mesmo. Agradecer as suas bases, as pequenas coisas, os momentos simples, as pessoas, suas capacidades, suas conquistas, enfim, tudo! Viva em estado de gratidão. Aproveitando, quero lhe agradecer por estar aqui comigo, de verdade e sinceramente, toda a minha gratidão por ter confiado na minha mensagem e ter chegado até aqui! Gratidão!

8. STOP MIUDEIRO*

Essa é uma expressão para o tipo de comportamento de cobiça, apego e medo. Sentimentos totalmente contrários ao fluxo de prosperidade.

Não peça descontos querendo prejudicar o outro. Só peça descontos até chegar a um valor que seja bom para as duas partes. Quando sentir que o valor é justo, pague o que vale.

Muita atenção à cobiça, pois a substância amorfa vai assumir o magnetismo de cobiça, e isso vai destruir a sua prosperidade.

Não seja sovina, não seja mão de vaca, não sofra com moedinhas. O equilíbrio entre gastar com amor e economizar o necessário é fundamental. Existem pessoas viciadas em gastar, mas existem pessoas viciadas em economizar.

Qualquer uma delas está errada. Você precisa aprender a equilibrar.

Além disso, lembre-se de que a mania de dar "jeitinhos" em tudo também é uma característica "miudeira".

* "Miudeiro" é ser medroso e avarento.

9. CONTROLE DO DINHEIRO

Você precisa equilibrar este fluxo sistêmico: **ganhar ▶ ▶ gastar ▶ ▶ poupar ▶ ▶ investir.**

Ganhar

A expressão é popular, mas não é correta. O ideal seria "fazer" dinheiro. Mas o que importa é que você "faz" dinheiro ao trocar trabalho por dinheiro.

Poupar (economizar)

Jamais gaste mais do que você ganha. Salvar dinheiro é um hábito. Gastar comprando algo que ainda não conquistou o dinheiro para pagar é um "tiro no pé da prosperidade". Poupar dinheiro mensalmente é uma lei.

Gastar

Gastar é importante e necessário. Aprenda a gastar da forma certa, com alegria e gratidão.

Investir

Parte do seu dinheiro poupado deve ser organizado para investir em algo que lhe gere renda passiva no futuro. O que significa que você precisa aprender a empreender. Empreender é um dos assuntos que serão abordados no capítulo 10.

Você precisa ter equilíbrio e autocontrole com o seu dinheiro para que este fluxo: **Ganhar >> Gastar >> Poupar >> Investir** seja a fonte da sua liberdade financeira.

Controle da sua vida financeira na prática

> **PARA PESSOAS SEM DÍVIDAS**
>
> **55%** Contas gerais
>
> **10%** Investir (sua riqueza)
>
> **10%** Sonhos
>
> **10%** Instrução
>
> **5%** Doação
>
> **5%** Diversão
>
> **5%** Planejamento de compras

Contas gerais: Trata de todo o custo fixo da sua vida. Gastos com casa, carro, impostos, alimentação. Recursos básicos para você viver no seu estilo de vida.

Investimentos em sua riqueza: É o dinheiro que você acumula para conquistar liberdade financeira em médio e longo prazo. Procure opções no mercado que façam seu dinheiro render acima da inflação. Fuja da previdência privada e da poupança tradicional. Busque um consultor financeiro para orientá-lo. Esse dinheiro você não deve tocar, ele é o seu lastro financeiro de liberdade futura. Esse compromisso é muito sério!

Sonhos: O dinheiro que tem objetivos definidos como comprar um carro, montar um negócio próprio, fazer uma viagem, etc.

Instrução: Dinheiro usado para você evoluir, crescer, se aprimorar, seja na carreira, seja na vida pessoal, não importa.

Doação: Dinheiro que você reservará para fazer doações com sabedoria. Poderá ajudar causas sociais, projetos, como também poderá ajudar pessoas próximas. A sabedoria no uso é o mais importante. Não precisa necessariamente ser uma instituição religiosa, também não precisa ser sempre o mesmo destino.

Diversão: Desenvolver o hábito de economizar dinheiro se tornará algo chato se você não cuidar dessa parte. Todo mês reserve ao menos 5% para gastar com diversão. Atenção, esse valor deve ser gasto dentro do próprio mês (apenas neste caso).

Planejamento de compras: Você sempre quer um *smartphone* novo, um colchão mais confortável, uma televisão mais moderna. Mas também já sabe que precisará de roupas da moda e até mesmo trocar os utensílios que estragaram. Quanto mais você se organizar para essas compras de menor porte, os custos gerais vão diminuir e você poderá reservar mais para os investimentos. Organize-se com o dinheiro para as compras que você tinha o costume de pagar "como dava", e ainda parcelava em muitas vezes. Com o dinheiro reservado, você vai conseguir melhores preços e muito mais folga financeira.

Os primeiros meses são realmente mais difíceis, pois você precisa ter disciplina e organização, mas, a partir do momento que esse controle vira um hábito, você vai sentir muito prazer, eu garanto!

PARA PESSOAS COM DÍVIDAS

55% Contas gerais

10% Investir (sua riqueza)

20% Pagar dívidas

5% Doação

5% Diversão

5% Planejamento de compras

O maior erro do mal pagador é continuar gastando sem antes quitar antigos débitos e organizar seu lastro financeiro.

O maior erro dos bons pagadores é espremer todo o dinheiro possível da renda mensal para acabar de vez com o débito.

A coisa mais certa a fazer é pagar os credores e estruturar a vida financeira paralelamente. Se você simplesmente decide pagar o máximo possível todos os meses sem se preocupar em organizar seu lastro financeiro, uma emergência ou um gasto inesperado pode dar origem a um buraco sem fim. Portanto, muita atenção.

Contas gerais: É todo o custo fixo da sua vida. Tudo o que você gasta com moradia, alimentação, impostos, automóvel, etc. Recursos básicos para você viver o seu estilo de vida.

Investimentos em sua riqueza: É o dinheiro que você acumula para conquistar liberdade financeira em médio e longo prazo. Procure opções no mercado que façam seu dinheiro render acima da inflação. Fuja da previdência privada e da poupança tradicional. Busque um consultor financeiro para orientá-lo. Esse dinheiro você não deve tocar, ele é o seu lastro financeiro de liberdade futura. Esse compromisso é muito sério!

Pagar dívidas: É muito provável que os 20% recomendados para pagar dívidas não sejam suficientes para quitar seus débitos rapidamente. Não se assuste, tenha calma e paciência.

1. Demonstre ao credor a sua real vontade de pagar, com respeito e honestidade.

2. Defina o máximo que pode pagar por credor. Esse máximo não pode ultrapassar os 20%.

3. Negocie taxas ao máximo, peça descontos se for justo!

4. Cumpra os acordos.

5. Tenha paciência com esse planejamento, pois à medida em que quita as dívidas também cria um lastro financeiro que vai virar a página dos tempos de crise financeira. Siga o plano com disciplina.

Doação: Dinheiro que você reservará para fazer doações com sabedoria. Poderá ajudar causas sociais, projetos, como também poderá ajudar pessoas próximas. A sabedoria no uso é o mais importante. Não precisa necessariamente ser uma instituição religiosa, também não precisa ser sempre o mesmo destino.

Diversão: Se você não cuidar dessa parte, desenvolver o hábito de economizar dinheiro se tornará algo chato. Todo mês economize ao menos 5% para gastar com diversão. Atenção, esse valor deve ser gasto dentro do próprio mês (apenas neste caso).

Planejamento de compras: Enquanto você está focado em organizar a sua vida financeira, a pintura da sua casa está estragando, os pneus do seu carro estão ficando gastos e a geladeira pode quebrar. Além disso, você também precisa de roupas, sapatos, itens de cuidado pessoal, etc.

Porém, você sabe que a sua prioridade é pagar o que deve e "organizar a casa". Mas, se você não se prepara com suas compras, pode ser que saia de uma dívida e já entre em outra. Talvez você veja que alguns objetos ao seu redor simplesmente se degradaram ou que você deixou de cuidar de si mesmo, da sua saúde e autoestima.

Todas essas coisas custam dinheiro e precisam ser planejadas. Se há uma reserva para esse fim, você vai conseguir melhores preços e muito mais folga financeira, o que vai lhe dar um tremendo bem-estar.

Assim que você quitar todos os seus débitos, passe a aplicar o modelo para pessoas sem dívidas e siga firme na construção da sua liberdade financeira.

10. DEFINIÇÃO DE RIQUEZA

No *Mindset* da Prosperidade, a riqueza tem uma definição mais ampla, acompanhe:

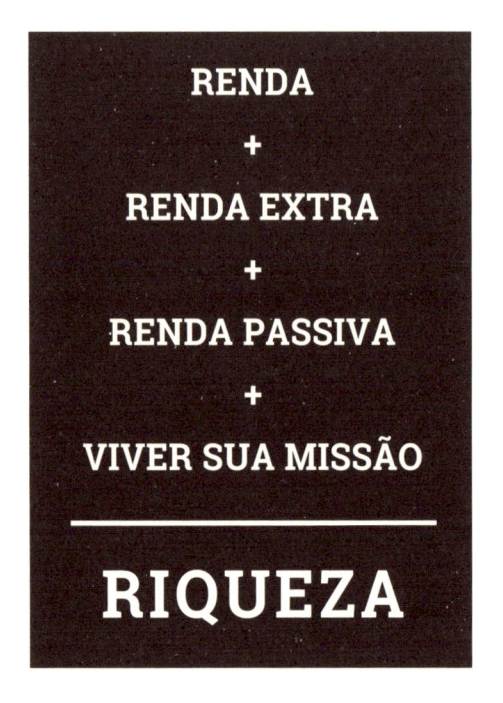

RENDA
+
RENDA EXTRA
+
RENDA PASSIVA
+
VIVER SUA MISSÃO
―――――――――
RIQUEZA

Renda: A sua principal entrada de dinheiro que vem do seu trabalho principal.

Renda extra: Trabalho secundário que gera renda extra com o objetivo de acelerar o processo da liberdade financeira.

Renda passiva: Rendimento proveniente de investimentos e empreendimentos.

Viver sua missão: É ser quem você nasceu para ser, estar feliz, realizado, satisfeito e saudável.

11. ESCADA DO SUCESSO

Eu demorei para entender o poder desse aspecto importante do *Mindset* da Prosperidade, mas, quando ficou claro para mim, as coisas decolaram. Em 99% dos casos, a Escada do Sucesso turbina os resultados dos meus mentorados. Mas já adianto que não é fácil – ao menos no começo – compreender o seu real sentido. Vamos aos principais tópicos que você precisa observar na Escada do Sucesso:

- Só dá para ir para o próximo nível – **NA VIDA, NO TRABALHO, NA CARREIRA, NOS NEGÓCIOS** – sendo o melhor que você pode ser agora.

- **SEJA A SUA MELHOR VERSÃO NAQUILO QUE VOCÊ FAZ**. Em tudo o que você colocar a mão, em tudo o que você decidir colocar a sua atenção, faça o seu melhor! Seja uma tarefa simples do dia a dia, seja uma atividade mais complexa, dê o seu melhor sempre!

- **NINGUÉM É SEU CHEFE!** Mesmo que você seja empregado de alguém, coloque na sua cabeça que você trabalha para você mesmo. Você é o seu real chefe.

- **ACREDITE QUE A TODO INSTANTE HÁ UM FISCAL DO UNIVERSO AVALIANDO VOCÊ**. Ele quer ajudá-lo, mas é implacável, justo e enxerga tudo. Portanto, trabalhe no seu mais alto nível para que ele se impressione com a sua atitude e providencie a sua promoção ao seu próximo nível, especialmente na vida profissional.

🔑 **TRABALHE MAIS DO QUE É PAGO PARA FAZER!** Seja o melhor do mundo na sua área! O melhor médico do mundo, o melhor advogado do mundo, o melhor auxiliar de escritório do mundo, o melhor faxineiro do mundo, o melhor frentista do mundo, o melhor empresário do mundo, o melhor servidor público do mundo, etc.

🔑 Você pode odiar seu trabalho atual, sentir-se realmente infeliz nele. A mesma coisa com o relacionamento conjugal, amigos e família. Entenda essa verdade, você só conseguirá subir na Escada do Sucesso se **HONRAR, RESPEITAR E CONTINUAR FAZENDO O SEU MELHOR NO TRABALHO ATUAL**. Desrespeitar as situações indesejadas atuais fará com que você interrompa a Escada do seu Sucesso.

🔑 No *Mindset* da Prosperidade pessoas **NÃO SE ASSUSTAM COM QUAISQUER RESULTADOS RUINS** que estejam se manifestando, pois são ecos do passado. Uma herança negativa de um momento em que não havia a construção do Tratado de Prosperidade.

🔑 **RIQUEZA É MARATONA**. O processo da prosperidade tem dois níveis como você já viu, o extrafísico e o físico. O primeiro nível é muito mais rápido de se conquistar. Se você ler este livro inteiro com dedicação, você já vai manifestá-lo. Todavia, o segundo nível da prosperidade, que é o da riqueza manifestada materialmente, não é uma corrida de 100 metros, mas uma maratona mesmo. Você precisa ter persistência, consistência, propósito inabalável, manutenção das crenças, controle financeiro, atenção às metas e o *mindset* certo.

12. O PODER DOS GRUPOS

No *Mindset* da Prosperidade, a escolha dos grupos que você participa é tão importante quanto o alimento que você come.

O contágio social é uma das ferramentas de influência mais poderosas que existem.

Busque grupos que elevem a sua vibração, que blindam a sua confiança e que o façam se sentir desafiado a evoluir.

Fuja de qualquer convívio com pessoas que querem colocá-lo para baixo, que amam críticas, reclamar e anunciar o quanto o mundo está perdido. Elas são manipuladas pela conspiração RPR e pela disputa da sua atenção.

O *MINDSET* DA PROSPERIDADE MUDA TUDO

Quando você adota o *Mindset* da Prosperidade como um estilo de vida, você cria seu DNA de Prosperidade, ou seja, cumpre o seu tratado, a riqueza se manifesta e a espiritualidade flui livre em seu sentido maior.

Este é um treino realmente valioso e que aos poucos vai começar a fazer parte da sua rotina de vida como um hábito naturalizado.

VAMOS PROSPERAR? CHECKING POINT*

A seguir apresento os principais itens que compõem o *Mindset* da Prosperidade. O exercício agora é muito simples, você só precisa dar a sua nota de 0 a 10 para cada um dos itens.

Uma nota baixa indica que você está com problemas neste item. Se a nota for alta, o exercício revela que você está no caminho certo.

Ao terminar o exercício, descubra quais itens precisam melhorar. Assim, você terá uma noção mais exata do que precisa priorizar.

* **Nota:** Caso você não queira escrever no seu livro, disponibilizamos os exercícios para *download* em www.luzdaserra.com.br/otratado

ITEM DO *MINDSET*	NOTA
1. Tenho crença de ser **rico, mais rico, milionário ou bilionário**.	
2. Estou **controlando e vigiando** minhas crenças negativas e limitantes.	
3. Estou sempre **focado nas minhas metas** de 90 dias e de 3 anos.	
4. Estou concentrado no uso pleno da **integridade** na minha vida.	
5. Defini a minha **autorresponsabilidade** como verdade absoluta.	
6. Estou realizando a minha **missão de vida**.	
7. A **gratidão** faz parte de todos os momentos da minha vida.	
8. O caráter "miudeiro" está totalmente **dominado**.	
9. Controlo meu fluxo: **Ganhar >> Gastar >> Poupar >> Investir**. Adoto a lei da economia.	
10. Meu conceito de riqueza manifestada é a soma de (**renda + renda extra + renda passiva + viver a missão**).	
11. Adotei o conceito de Escada do Sucesso, estou comprometido em ser o melhor do mundo e aplico a maratona da riqueza **Hoje, Amanhã e Depois (HAD)**.	
12. Escolho muito bem os **grupos** que estou inserido para que meu *mindset* continue elevado.	

Quando quiser algo para a **sua vida**, feche os olhos e **imagine** como seria o seu desejo já **REALIZADO**.

@brunojgimenes
#otratadodaprosperidade

10

MULTIPLIQUE A PROSPERIDADE

"Ao prosperar, você concede à sua alma mais liberdade para fazer o que é realmente impactante para o universo."

O seu Tratado de Prosperidade está quase pronto, restam poucos elementos para ele ficar perfeito e ajustar o seu caminho de abundância inabalável.

Dentro desse processo, compreender a história e o conceito de como o dinheiro surgiu no mundo será fundamental. **A prosperidade vai surgir na sua vida** quando você entender o conceito de valor. Além disso, existe o conceito de valor monetário e o valor utilitário, elementos essenciais para que você acelere a sua riqueza e sua prosperidade brilhe.

No passado não existia o dinheiro em espécie e o mundo se organizava com o escambo, ou seja, por meio das trocas. Galinhas eram trocadas por sacos de feijão, que, por sua vez, eram negociados por ferramentas, sapatos e armas.

A sociedade foi evoluindo e percebendo que alguns bens valiam mais do que outros. Assim, uma dúzia de ovos tinha um valor diferente de uma ferramenta, assim como uma arma era mais valiosa do que um saco de milho, que possuía um valor bem menor do que um saco de ouro, que custava mais do que um par de sapatos.

Dessa maneira, o valor de uma galinha era equivalente a quatro sacas de feijão. Uma enxada valia 20 dúzias de ovos, e uma arma tinha o mesmo valor de 20 galinhas, e assim por diante.

Porém, o fabricante de armas já não tinha interesse em 20 galinhas, o dono das galinhas não precisava mais de feijão e o sapateiro não queria mais nenhuma arma.

A sociedade foi compreendendo as diferenças entre os valores de cada produto, mas também foi evoluindo para um processo de universalização e conversão das permutas. Então, as moedas de ouro passaram a balizar as trocas.

A partir daquele momento, o dinheiro começou a representar o valor monetário de cada item. Assim, uma moeda começou a valer 100 sacas de feijão ou 20 galinhas ou cinco armas.

O dinheiro surgiu com o objetivo de converter o processo de troca a um único caminho. E esse conceito gerou a estrutura inicial para que as instituições financeiras nascessem em todo o mundo.

Hoje o conceito ainda não mudou. Tudo que você faz como trabalho gera valor. Porém, tudo o que geramos produz dois tipos de valores: o utilitário e o monetário.

O valor utilitário: Está ligado ao senso de utilização, a ganhos intangíveis e qualitativos.

O valor monetário: O quanto custa em dinheiro.

Nem sempre o valor utilitário de algo é o mesmo do valor monetário.

Trabalhar como funcionário de alguém, autônomo ou empresário é gerar valor.

E o segredo da manifestação da riqueza é aprender a gerar um valor utilitário tão grande com o seu serviço que o mercado o reconheça muito bem com o valor monetário.

O SEGREDO DOS RICOS é que eles entenderam esse conceito de gerar valor e tudo que é envolvido no processo. Vamos começar a colocar esse conhecimento na prática para você usar imediatamente.

Uma das melhores formas de gerar valor é multiplicando a prosperidade. Então, veja as duas melhores formas já existentes de multiplicá-la.

1. ENSINE A PROSPERIDADE

Ensine para a sua família

Um bom começo é fazer um resumo deste livro e mostrar para seus familiares os tópicos mais importantes. Inclua na rotina da sua casa estudos de prosperidade, leituras, vídeos do YouTube e tudo o que a sua criatividade puder alcançar. Além de levar muita abundância, você vai trazer mais harmonia para as relações. Pode ser que no começo você sinta um pouco de dificuldade. Persista! Crie o desafio, envolva todos, incentive para que todos falem de suas metas e seus progressos.

Ensine para seus amigos

Faça resumos, estimule os interessados. Mostre uma síntese dos seus estudos em cursos, livros e outros aprendizados que você teve. Faça o primeiro encontro gratuito, mas em seguida proponha trocas. Pode ser qualquer tipo de troca, mas assim você já estimula que eles entendam esse valor poderoso na prosperidade.

Ensine no seu trabalho

Nos intervalos, você pode perguntar aos amigos se eles precisam de ajuda e se desejam conhecer o resumo do seu Tratado de Prosperidade. Mostre que você pode ajudá-los, mas só ajude se eles quiserem realmente o seu auxílio. Lembre-se da Escada do Sucesso, no seu trabalho o foco é trabalhar. Procure intervalos para ensinar sobre prosperidade.

Ensine para quem valoriza a informação

Foi assim que me tornei mentor de prosperidade! Quando as pessoas que pediam minha orientação perceberam o valor de aprender conceitos e técnicas que mudavam a prosperidade, elas mesmas valorizaram a mentoria. Esse foi o meu caminho. Quanto mais valor utilitário eu oferecia, mais essas pessoas compensavam com valor monetário.

Todo o processo de transformação tem muito valor, e esse foi o meu melhor caminho de riqueza. Ao gerar valor para meus clientes, nas palestras, nos cursos, nos livros, eu recebo de volta, de diversas fontes, o valor monetário.

Aprenda tudo o que você puder sobre a prosperidade e ensine para mais pessoas. Você se torna próspero ao ajudar mais pessoas a serem prósperas.

2. EMPREENDA

O significado literal da palavra empreender é "decidir realizar, colocar em execução".

Na prática da vida real, empreender significa perceber uma oportunidade e aproveitá-la, normalmente por meio de um investimento de energia, tempo e até dinheiro, para gerar um valor utilitário específico que é reconhecido como valor monetário.

Entre meus mentorados, excluindo apenas aqueles que já têm um negócio próprio ou que trabalham como autônomos, a grande maioria sente calafrio ao ouvir essa palavra. Isso porque empreender sempre significa arriscar. Arriscar significa sentir medo. E medo é algo que muitos não querem sentir.

O medo de arriscar, as crenças limitantes, a conspiração RPR e a falta de preparo faz com que a maioria esmagadora das pessoas fique em suas zonas de conforto gerando pouco valor monetário em seus empregos.

> A melhor e mais poderosa forma de multiplicar o seu valor no mundo é empreendendo.

No entanto, entenda que existem muitas formas de empreender que não significam apenas abrir um negócio próprio, começar uma *startup* ou mesmo explorar uma nova carreira.

Quando você decide investir energia em ajudar uma causa social específica em uma ação de fim de ano, você está empreendendo. Quando você decide organizar uma festa com metade do orçamento e o dobro de diversão, também é um empreendimento.

No conceito da prosperidade, empreender é o caminho essencial para que você faça o seu valor aumentar.

Você pode e deve investir o seu dinheiro em opções mais conservadoras que o **mercado financeiro** oferece, você pode empreender procurando um trabalho temporário extra, você pode empreender mergulhando profundamente no negócio próprio dos seus sonhos.

procure a ajuda de um consultor financeiro

Seja qual for o seu caminho, tenha atenção a estes detalhes:

a) Busque empreender em algo que tem relação direta com a sua missão de vida. Jamais empreenda em algo que fere os seus valores ou mesmo que não tenha qualquer afinidade com quem você é em essência.

b) Empreenda mesmo dentro do seu trabalho, propondo projetos, apoiando novas visões, criando opções, sendo criativo e pró-ativo. Encontre maneiras de crescer, ganhar comissões e participações dentro da instituição. Com isso, você vai treinando para ser um empreendedor do seu negócio próprio

– se um dia você quiser. Caso não queira, essa atitude será muito importante para seguir crescendo onde você estiver.

c) Estude muito, pois empreender é algo trabalhoso e desafiador, especialmente no começo. O preparo será o fator diferencial para o seu sucesso. Existem muitos cursos de empreendedorismo no mercado. Um bom exemplo é o Empretec do Serviço Brasileiro de Apoio às Micro e Pequenas Empresas (SEBRAE). Após sentir-se preparado, comece o seu planejamento para empreender, porque é fundamental se preparar para reduzir riscos e gerenciar os medos que bloqueiam a maioria. Valerá a pena, com tudo planejado, os seus resultados serão incríveis.

d) Quando você foca em cumprir o seu trabalho de prosperidade, é comum que você sinta muita vontade de se expandir, criar seu negócio próprio e mudar de carreira. Esse é um ponto muito delicado. Se eu pudesse voltar atrás no meu passado, adoraria mandar uma mensagem para mim mesmo em 2002 avisando sobre a necessidade de estudar seriamente os passos de uma transição de carreira. Existem especialistas no mercado. Eu recomendo o *coach* de carreira, Maurício Sampaio. O trabalho dele pode ser a peça que faltava no seu quebra-cabeças.

e) A todo tempo questione o valor que o seu empreendimento gera. Lembre-se do conceito de valor monetário e valor utilitário.

Quanto custa o valor que você gera?
Um quilo de ouro ou um quilo de feijão?

AS 3 FORMAS QUE O MERCADO USA PARA DEFINIR SEU VALOR

COMO FUNCIONÁRIO

- O quanto o que você faz é necessário (demanda)
- O quanto é difícil substituir você (ser raro)
- O quanto você é bom no que faz (habilidade, preparo e resultado)

Pode ser que essa verdade seja inconveniente para você, mas você já sabe que criar o seu Tratado da Prosperidade é remover crenças limitantes e fugir da conspiração RPR. Tudo o que eu quero é recomendar que você seja 100% verdadeiro com sua essência e responda para si mesmo: O quanto o seu trabalho é necessário? O quanto é difícil substitui-lo? O quanto você é bom no que faz e dá resultados ao empregador?

Entenda que se você não estiver bem pontuado nesses três aspectos, provavelmente você não tem porque receber promoção ou crescer na função. Esta é a verdade nua e crua. Entenda-a e, se achar necessário, planeje a sua mudança.

COMO EMPRESA OU EMPREENDEDOR

Da mesma forma, para que sua empresa, produto ou serviço sejam bem valorizados no mercado, é preciso analisar os seguintes aspectos do seu negócio:

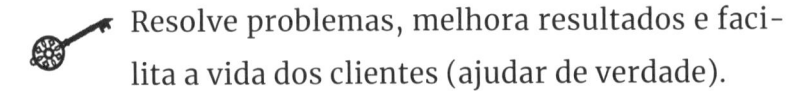

- Resolve problemas, melhora resultados e facilita a vida dos clientes (ajudar de verdade).
- Ser único ou muito diferenciado (fugir da vala comum).
- *Expertise* (ser muito bom no que se propõe).

Muitas empresas sobrevivem razoavelmente bem no mercado, porque estão aplicando um ou dois dos aspectos de valor. Todavia, a empresa rica é a que gera muito valor utilitário e, por isso, tem a compensação no valor monetário. Essa empresa rica nasce do uso dos três itens.

Leve a sério esse conceito, principalmente antes de empreender em algo, para ter certeza que o seu investimento vai dar muito retorno.

PERGUNTAS DIFÍCEIS PARA MUDAR SUA PROSPERIDADE

Eu quero lhe perguntar algumas coisas meio chatas, mas se você chegou até aqui é porque você está comprometido e já definiu como decisão inabalável prosperar. Você já está realizando o seu Tratado. Assim sendo, acredito que vai até gostar de responder essas perguntas um tanto quanto inconvenientes. É muito importante que você se concentre e reflita bastante antes de responder. Então, capricha! Combinado?

1. Você gera riqueza no seu trabalho?

_____
_____
_____
_____
_____
_____
_____

* **Nota:** Caso você não queira escrever no seu livro, disponibilizamos os exercícios para download em www.luzdaserra.com.br/otratado

2. Qual é o tipo de valor que você gera no seu trabalho atual?

_____
_____
_____
_____
_____

3. Você faz mais do que esperam que você faça?

_____
_____
_____
_____
_____

4. Se você estivesse no lugar do seu patrão/cliente, qual valor você se daria? Maior que o atual? Menor que o atual? Ou não mudaria nada?

_____
_____
_____
_____
_____

5. Você teria você mesmo como sócio?

_____
_____
_____
_____
_____

6. Você contrataria você mesmo como funcionário?

_____
_____
_____
_____
_____

7. Qualquer um poderia fazer o seu trabalho hoje?
(Pergunta sobre o quanto o seu trabalho é raro)

_____
_____
_____
_____
_____
_____

Descobrir e cuidar do seu **ponto de atração** é atitude essencial para garantir o que vai **manifestar.**

@brunojgimenes
#otratadodaprosperidade

11

CUIDADO, MUITO CUIDADO!

"Não há problemas em ter inimigos, desde que você os conheça e saiba como eles atuam."

O fato de ser realmente simples de implantar é o que me encanta neste método que venho lapidando há mais de 15 anos. Ele já ajudou os mais diferentes tipos de pessoas que você possa imaginar. Por meio dele, essas pessoas conseguiram finalmente destravar e alavancar a prosperidade. Por isso, você também vai conseguir aplicar esse método – mesmo que não saiba nada sobre o assunto, que nunca tenha ouvido falar, mesmo que conheça um pouco a respeito ou até se já possua um profundo conhecimento.

A aplicação das técnicas fará com que você desperte o seu poder de criador da prosperidade, de forma objetiva e eficiente, em muito pouco tempo. Porém, você deve evitar a todo custo erros corriqueiros que podem custar a abundância da sua vida inteira. Isto é, por mais que você estude e aplique todas as chaves de sucesso para criar o seu Tratado de Prosperidade, alguns hábitos negativos podem colocá-lo em armadilhas, prejudicando a conquista da sua riqueza sem que você perceba.

É vital que você as conheça porque, além de atrapalhar a abundância, elas podem prejudicar muitas outras áreas da sua existência.

O que me assusta é que, no convívio constante com mentorados, percebi que quem erra não faz a mínima ideia de que esteja errando. Alguns desses erros já podem ser os reais causadores de todas as infelicidades de uma vida (sem exagero).

À medida em que você for abandonando essas armadilhas da sua vida, a prosperidade vai começar a fluir e se manifestar com muita força, cada dia mais, de forma abundante.

Armadilha 1 – Prisioneiros (Aprisionamento nas relações)

Perceba que todos nós temos emoções como raiva, medo, ansiedade, angústia, etc. Acontece que queremos controlar essas emoções, principalmente o medo. Como ninguém gosta de sentir medo, começamos a controlar tudo e todos ao nosso redor. Acontece que exteriorizamos isso de forma estranha (muito estranha). Muitas vezes alguém que você conhece diz que vai viajar e que vai ficar dois dias fora. Mas você não gosta de ficar sem companhia, você tem medo que essa pessoa se machuque, seja assaltada ou que vá embora e nunca mais volte. E sem que você perceba que o medo é seu, sem querer, inconscientemente, você faz ações para sabotar a ideia da pessoa de viajar.

É bizarro, quase insano pensar, mas não é racional. E assim nós fazemos coisas pequenas e grandes, e vamos aprisionando pessoas sem perceber, manipulando-as para que possamos controlar as nossas emoções.

Manipulamos as pessoas que mais gostamos (parentes, amigos e colegas de trabalho) para que elas se comportem de forma que traga conforto para nós, mesmo que isso as prejudique. Nós fazemos isso com as pessoas e elas fazem isso conosco inconscientemente. Quantas vezes fomos influenciados pelo o que outras pessoas pensam de nós? E nós da mesma forma?

É assustador, mas duas coisas que estão praticamente dentro de casa figuram entre os maiores erros que cometemos e que destroem a prosperidade de qualquer um.

...e até seria cômico se não fosse trágico.

A primeira é justamente esse item um, porque acontece principalmente com familiares, e, a segunda, é mais forte e mais presente ainda, também surge de dentro dos nossos lares sutilmente e pode criar um rastro de destruição. Mas aguarde só mais um pouquinho, porque eu abordarei esse segundo inimigo na Armadilha 6.

Armadilha 2 – Sintonia no Caos (Foco errado)

Alimentamos a equivocada mania de falar dos nossos medos, das nossas preocupações e angústias muito mais do que falamos dos nossos sonhos.

A maioria das pessoas não sabe o que quer como meta, mas sabe o que não quer.

Além do mais, há o costume de criticar. Existem pessoas viciadas em reclamar. Elas competem para ver quem tem a pior dor, a maior dificuldade, quem está mais cansado, quem possui o trabalho mais exaustivo.

Para você ter uma ideia, **5 minutos** de **reclamação** representam **50 minutos** na **queda da sua imunidade**.

Armadilha 3 – Barco sem leme

Pergunte para 10 pessoas quais são as suas 3 principais metas de vida e faça o teste para ver quantas respondem.

Poucas saberão dizer...

Agora, pergunte para outro grupo de 10 pessoas sobre as suas 3 principais metas. E peça para que, em 20 segundos, elas digam suas metas ao mesmo tempo em que visualizam tudo acontecendo.

Já imaginou, entre as 10 pessoas, quantas vão conseguir cumprir esse desafio?

E você? Conseguiria citar as suas 3 principais metas de vida ao mesmo tempo em que imagina elas acontecendo, tudo isso em apenas 20 segundos?

Se você não tem clareza extrema sobre o que você quer ser, ter ou conquistar, você se torna um barco sem leme.

Armadilha 4 – Histórias bomba

Você tem histórias tristes? Consegue lembrar de alguma situação complicada da sua vida?

Eu sim, várias... **E daí?**

Ou eu as conto dando risada, falando de aprendizado, superações, deixando de lado o sofrimento e a melancolia ou simplesmente as entrego ao esquecimento. Cada vez que conta uma história de tristeza que viveu, você revive energeticamente a situação.

E, para a lei da atração magnética, que foi abordada profundamente nos capítulos anteriores do Tratado da Prosperidade, não há diferença entre uma emoção que você viveu no passado e está vivendo agora.

Conforme a lei da atração, cada vez que você aciona as suas histórias tristes, é como se você estivesse revivendo essas mesmas dores e sofrimentos agora. E o que isso faz? Atrai mais situações para você continuar sofrendo situações parecidas.

Pense rapidamente sobre uma situação em que você se viu ofendido, traído ou lesado. Pense em alguma situação de injustiça que você passou ou qualquer que seja a dificuldade ou negatividade que alguém tenha feito. Pensou?

Agora sinceramente me diga, quantas vezes nos último 5 ou 10 anos você contou essas histórias para amigos e parentes?

10 vezes?

100 vezes?

500 vezes?

Quantas vezes você já contou para o seu melhor amigo sobre aquele problema?

Entenda que, quando você conta histórias tristes, você reativa o campo energético de vibração do sofrimento, e, por consequência, acumula mais potencial para viver novas situações de sofrimento, em um ciclo sem fim.

Armadilha 5 – Seguros no castelo de ilusões – Senhores da Verdade

Você está com problemas no casamento e diz: "Eu resolvo, eu dou um jeito". A sua família está em pé de guerra e você diz: "Vamos dar um jeito", "É coisa de família", "Faz parte da vida" ou "Com o tempo as coisas se arrumam".

Os senhores da verdade só leram um livro na vida, e só aprendem com o que ouvem por aí. E mesmo assim se acham soberanos. São pessoas cheias de informações e conselhos, mas não têm coragem de agir, de fazer mudanças e de enfrentar o novo.

Também não buscam a ajuda de mentores, professores e referências de quem realmente sabe mostrar o caminho para a mudança acontecer.

QUEM SÃO SEUS MENTORES? QUEM SÃO AS PESSOAS QUE O INSPIRAM?

Reflita se há pessoas que provocam em você uma vontade de fazer diferente, realizar algo melhor. Quem o motiva a sair da zona de conforto que anda a sua vida, a abandonar a ilusão de que está tudo bem?

Não ter na ponta da sua língua uma lista de pessoas que o inspiram a ser melhor, nas mais diferentes áreas da vida, pode ser um sinal grave de que você está bloqueando o ciclo de melhoria contínua que a sua vida pode ter.

Há algo pior...

Pode ser que os seus mentores sejam o erro que vem a seguir. Se realmente a Armadilha 6 for os seus mentores, aí a situação se complica ainda mais.

É importante você entender o seguinte: seus mentores podem ser de pessoas mais simples a grandes seres iluminados. Você pode buscar referência neles, mas não basta você dizer que os admira. É preciso estudar, acompanhar a obra, aprender com eles, colocando os seus ensinamentos em prática.

Sem mentores você não cresce, não descobre suas limitações para curar e não se renova. Quando você aprender a controlar o seu **ponto de atração**, você vai entender cada vez mais porque não podemos viver sem referências ou, como eu gosto de falar, sem mentores.

Armadilha 6 – Noticiosfera

Lembra quando eu falei no item 1 sobre aprisionamento nas relações?

Eu disse que tanto o erro 1 quanto o erro 6 são alimentados dentro dos nossos lares. E agora você vai entender o motivo. Se assiste novela, noticiário na TV e lê jornal ao menos uma vez por semana, você alimenta a noticiosfera. Gerada por meio da mídia, ela é uma atmosfera psíquica que criamos em qualquer lugar, principalmente em nossos lares.

Mas você sabe como a mídia de massa consegue a sua atenção?

Ela produz emoções fortes em tudo o que divulga, provocando sentimentos que geram polêmica, revolta, sensação de impotência, além de muito medo da realidade.

Não se iluda, isso tudo é proposital para você criar um mundo distorcido da realidade na sua cabeça. Assim, você continua conectado aos programas oferecidos. Existem muitos problemas no mundo, dores, dificuldades, terrores e polêmicas, mas nada se compara à versão que a mídia impõe a você. Pelo famoso princípio da autossugestão, você acaba tornando realidade o que vê nos noticiários.

Ou seja, a sua sintonia no ciclo tóxico da noticiosfera alimenta uma vida nociva e cheia de problemas. E sabe por qual motivo?

Porque aí, sem perceber, você começa a reproduzir os assuntos da noticiosfera nas rodas de amigos, nas mesas de jantar, no trabalho e nas reuniões de família. A tendência é que você pare de ler e estudar algo que seja educativo, desenvolvedor e próspero para a sua vida. Então, você começa a criar um colapso no seu fluxo de prosperidade.

Armadilha 7 – Ninguém vai fazer nada para você

Olha, eu sei que dói o que eu vou dizer. Pode ser que você fique chocado. Antes de falar sobre essa armadilha, eu preciso explicar algo para tudo ficar extremamente claro.

Primeiro, eu estou aqui para ajudar você a quebrar paradigmas que bloqueiam a sua prosperidade, mas mudar esse tipo de padrão costuma gerar muita resistência por parte da sua mente racional. Então, fique atento e deixe as coisas acontecerem durante o Tratado da Prosperidade. Sim! Acredite em mim e confie no método, valerá a pena, eu garanto!

Em segundo lugar, eu sou um espiritualista, daqueles que acredita na força da espiritualidade livre, sem cunho religioso. Acredito em Deus e nos seres de luz. Você precisa entender que amparo espiritual existe em todos os cantos!

Mas esse amparo acontece em um nível sutil. Em outras palavras, os seres de luz, enviados de Deus, ou mesmo o Deus da sua preferência e fé, só atuam na sua parte sutil – o que significa pensamentos e sentimentos.

E o que eles podem fazer por nós?

Colocar intuições em nossa mente, nos inspirar e incentivar com energias positivas, **mas....** Eles não podem agir por nós.

Você precisa saber que não existe um salvador que vai lhe tirar do buraco. Nenhum ser angélico e nenhuma pessoa especial podem mudar a sua prosperidade, porque essa responsabilidade é sua.

Como já vimos, a prosperidade é um estado de consciência que manifesta abundância em todas as áreas, inclusive a material. Esse estado de consciência é conquistado com muito treino.

Portanto, não deposite suas esperanças ou expectativas de prosperar em uma causa na justiça que pode sair ao seu favor, não acredite que uma gorda herança vai lhe trazer estabilidade financeira, que o governo vai cuidar de você, que um parente ou amigo vai dar um jeito na sua vida! Balela! Pare com isso já!

Sim, há esse "mas" que pode mudar a sua mente agora.

Não há ninguém neste momento quebrando a cabeça e pensando como é que pode ajudá-lo a prosperar e a conquistar seus sonhos.

Quando tem propósitos e projetos fortes, você atrai pessoas que podem oferecer ajuda e até se transformar em parceiros, mas tudo porque você agiu, começou e persistiu. Sem agir na direção certa, você nunca sairá dos bloqueios que impedem que você manifeste a abundância que merece ter!

EVITE A TODO CUSTO

Você teve acesso a todo o conteúdo para determinar a sua decisão de prosperar, ou seja, o seu Tratado de Prosperidade. E você já entendeu que prosperidade é treino, e que riqueza é maratona.

Eu decidi reunir algumas armadilhas aqui neste capítulo para que você se conscientize que o mundo em que vivemos odeia os ricos, porque somos cheios de crenças limitantes. Assim sendo, as chances de você ceder à pressão externa da RPR são muito grandes. Se isso acontecer, você poderá voltar ao seu estado anterior de escassez e manipulação. Portanto, muita atenção!

VAMOS PROSPERAR? CHECKING POINT*

1. As armadilhas que ainda estão perturbando você são...

_____
_____
_____
_____
_____

2. As ações simples e rápidas que você pode começar a fazer desde já para escapar das armadilhas que se envolveu são...

_____
_____
_____
_____
_____
_____
_____

* **Nota:** Caso você não queira escrever no seu livro, disponibilizamos os exercícios para *download* em www.luzdaserra.com.br/otratado

A maior parte do seu tempo, o seu **foco** deve estar no que você **AMA** e no que deseja **conquistar.**

@brunojgimenes
#otratadoprosperidade

12

CUMPRA O SEU TRATADO

*"Prosperidade é treino, treino e treino.
E, quando sobrar um tempo livre,
então, treine mais um pouco."*

O seu Tratado de Prosperidade é a implementação das seguintes estratégias na sua vida:

a) Despertar as motivações certas para manifestar a prosperidade em dois níveis.

b) Remover as crenças limitantes e vigiar para que não voltem.

c) Conhecer o mecanismo da Matriz Divina e a Lei da Atração (saber pedir, saber pensar).

d) Definir metas (90 dias e 3 anos). Recriar novas metas ao alcançá-las.

e) Sintonia certa: O *Mindset* da Prosperidade (e todos os seus 12 elementos).

f) Multiplique a prosperidade: Ensine e Empreenda.

Este é o seu Tratado da Prosperidade: seguir essas leis de sucesso. O processo da manifestação do primeiro nível extrafísico é um tanto rápido e confortante. Já o processo do segundo nível pode ser mais demorado. Contudo, a aplicação do Tratado da Prosperidade vai acelerar no mínimo cinco vezes o seu tempo de manifestação material da riqueza!

Se fizer a sua parte, você terá a **energia positiva** do primeiro nível apoiando a sua mente na **conquista** do segundo nível.

Uma vez consciente de seu Tratado, tudo o que você precisa fazer é seguir no Hoje, Amanhã e Depois (HAD), principalmente blindando a sua confiança e suas convicções.

COMO BLINDAR A SUA CONFIANÇA

1. Concentre-se nas suas metas

2. Limpe suas crenças negativas constantemente. Vigie sempre.

3. Faça da crença de ser rico ou mais rico a sua maior definição (crença inabalável).

4. Fuja de grupos negativos. Conviva com pessoas de sintonia elevada, que o façam se sentir desafiado a evoluir.

5. Desligue-se da mídia, ela quer roubar a sua atenção utilizando suas emoções primárias.

Fique muito atento, pois blindar a sua confiança será o seu principal trabalho daqui para frente – **para que o seu Tratado da Prosperidade seja inabalável**.

Eu *acredito* em **você!** Acredito que você **veio ao mundo** para PROSPERAR cada vez mais!

@brunojgimenes
#otratadodaprosperidade

13

VOCÊ MERECE SER TUDO AQUILO QUE PODE SER

"Toda riqueza é criada pela mente comprometida em gerar riqueza."

Ser tudo o que você pode ser não é tarefa fácil. Porém, sem um método eficiente, torna-se quase impossível. Mas lembre-se que prosperar o tanto quanto você quiser é um direito seu! Mas agora você já sabe disso.

Você também descobriu que prosperar não é uma corrida de 100 metros, mas uma maratona. E, nesse percurso, cada nova descoberta, cada pequeno resultado, torna-se uma grande alegria.

A sensação de saber como o mecanismo da prosperidade funciona para fazer a vida trazer a abundância que você merece é algo incrível.

Essa informação agora é sua, para você usar na sua vida e multiplicar para a sua família e para o mundo.

Eu sei que você pode mais, eu sei que você merece mais e também sei que, ao manifestar toda a prosperidade que tem direito, o mundo ao seu redor vai melhorar.

Eu tenho um propósito inabalável de ajudar mais e mais pessoas nessa tarefa, e, por essa razão, escrevi o Tratado da Prosperidade.

Eu sei que o mundo que sonho viver é o mundo da prosperidade, por isso acredito neste projeto! Sei que este empreendimento merece receber todo o meu esforço. E acredito que você pode me ajudar nesta realização que mudará o mundo de todos.

O que vai acontecer na sua vida depois de seis meses de implementação do seu Tratado?

E o que poderemos dizer de 10 anos, então?

Muita coisa vai mudar, muita prosperidade vai brilhar, na sua, na minha e na vida de muitas outras pessoas.

Eu tenho esse sonho e vejo que a cada livro, a cada treinamento que propago, a cada palestra que ministro, ele se torna um pouco mais real. Eu desejo que você trabalhe com o que você ama, que você tome decisões se baseando nos seus valores pessoais e na sua integridade.

Quero que você tenha liberdade de pensar além das conspirações ardilosas. E, por fim, quero ver um mundo de pessoas prósperas, felizes e livres! E esse mundo já está acontecendo.

Lembre-se que ele só será possível se estivermos juntos, colaborando para o mundo próspero e íntegro que nós merecemos. Como você já sabe, prosperidade é treino, é tratado, é decisão. Treine hoje, amanhã e depois!

Nunca pare de estudar, nunca deixe de lado a sua prosperidade. Jamais se abale com resultados negativos, pois eles são apenas ecos de um passado em que seu *mindset* não estava ajustado.

Aqui vai a minha indicação de algo que você pode fazer agora! Acesse o link: **www.luzdaserra.com.br/ otratado** e comece já!

Deixe a sua prosperidade brilhar!

Jamais deixe o seu brilho morrer,
seja o que você nasceu para ser!

Eu acredito em você! Vá lá e faça!
Brilha prosperidade!!!

Muita luz,
Bruno Gimenes

NOTAS

NOTAS

NOTAS

NOTAS

NOTAS

NOTAS

NOTAS

NOTAS

NOTAS

NOTAS

NOTAS

NOTAS

NOTAS

NOTAS

_____
_____
_____
_____
_____
_____
_____
_____
_____
_____
_____
_____
_____
_____
_____
_____
_____
_____
_____
_____
_____
_____
_____
_____
_____
_____

Acesse o Bônus on-line deste Livro!

MASTER CLASS
com Bruno Gimenes e Patrícia Cândido

O caminho simples e poderoso para você criar a sua credencial de riqueza e viver a prosperidade que merece em 90 dias ou menos – sem perder a sua essência e sem artifícios estranhos.

Acesse agora:
www.luzdaserra.com.br/otratado
e ganhe o seu acesso gratuito

SOBRE O AUTOR

Um dos responsáveis pela expansão do Desenvolvimento pessoal e em especial da Prosperidade no Brasil, é personalidade referência nesta área, além de Diretor de Conteúdo e Cofundador do Grupo Luz da Serra.

É professor, palestrante com mais de 1.800 palestras realizadas e autor de 20 livros (dois deles já entraram diversas vezes no ranking dos mais vendidos da revista Veja). Bruno Gimenes é destaque nas redes sociais produzindo vídeos no canal Luz da Serra no YouTube, que já ultrapassaram a barreira dos 128,3 milhões de visualizações ao ano. Mais de 32.916 alunos já participaram de seus treinamentos on-line.

Como palestrante, é conhecido por seus conteúdos originais que se destacam pela capacidade de gerarem intenso despertar de potenciais, cura emocional, motivação, superação, transformação de hábitos e conquista de metas. Bruno desenvolve os temas com uma capacidade ímpar de converter os ensinamentos em transformações reais, na prática.

É criador da Fitoenergética. Um sistema de cura natural inédito no mundo que tem como base a energia vibracional contida nas plantas.

A frase que mais define o pensamento e o propósito do autor é:

Se você encontrar e realizar a sua missão de vida, a prosperidade, a plenitude e a saúde encontrarão você naturalmente. Se você se concentrar em buscar suas metas antes de buscar a si mesmo, sentirá imenso vazio e exaustão. O seu caminho deve ser o da busca da sua verdade interna, de ser o que nasceu para ser. Chega de ser o que dá para ser, é chegada a hora de ser tudo aquilo que você pode ser. Quando você é quem nasceu para ser, a sua alma brilha.

Bruno também é destaque nas redes sociais, especialmente no YouTube onde publica conteúdos semanais.

SIGA O AUTOR NAS REDES SOCIAIS

YouTube: Canal Luzdaserra
Canal Bruno Gimenes

Twitter: @brunojgimenes

Instagram: www.instagram.com/brunojgimenes

Facebook: www.facebook.com/pg/brunojosegimenes

Para contratar as palestras de Bruno Gimenes e saber mais: **www.brunojgimenes.com.br**

Outras histórias de sucesso

Coloquei tudo o que aprendi em prática e na mesma semana comecei a colher resultados. O fluxo da prosperidade destravou! É gratificante cada conquista. Coisas simples, outras um pouco mais extraordinárias. Na primeira semana, tive coragem para assumir minha nova profissão: terapeuta holística. Agora tenho clientes pagantes, gerando assim a minha renda extra. 70% das minhas metas para 90 dias foram realizadas. Bati minha meta em vendas na loja em que trabalho dois dias antes do prazo, tive folgas inesperadas e ganhei um prêmio em dinheiro pelo primeiro lugar em vendas. Consegui sair do ciclo do cartão de crédito, pago os gastos com as necessidades básicas em dinheiro. Gratidão por todo esse aprendizado.
(Marcela Fernanda)

Sou aluna dos cursos da Luz da Serra há aproximadamente um ano e meio. Não tenho dúvida de que esta foi uma das decisões mais sábias e acertadas que já tomei. A abundância material vem dando sinais cada vez mais claros na minha vida, desde oportunidades, pessoas e situações que se apresentam e que me proporcionam possibilidade de ganhos financeiros maiores! É a guinada total na minha vida financeira, incluindo a quitação de diversas dívidas antigas acumuladas em quase seis anos como empreendedora do mercado tradicional, entre tantos outros. Gratidão a Deus e ao Universo pelos conhecimentos adquiridos e pelos mentores incríveis, Bruno e Patrícia, que fazem a diferença na minha vida e na vida de tantas pessoas!
(Liege Fonseca da Silva)

OUTRAS PUBLICAÇÕES

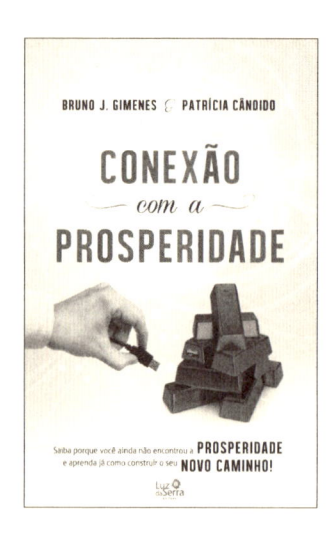

Luz da Serra
EDITORA

CONEXÃO COM A PROSPERIDADE
Bruno J. Gimenes e Patrícia Cândido

Sucesso, Abundância, Prosperidade e Riqueza não são uma questão de sorte, mas de conhecimento, empenho e dedicação. Muito mais do que isso, é uma questão de conexão e sintonia de pensamentos e emoções. Nesta obra, os autores revelam todos os segredos da Conexão com a Prosperidade, um estado mental e emocional que o levará a uma vida plena de conquistas e realizações em todos os aspectos que você deseja.

Páginas: 153
Formato: 16x23cm

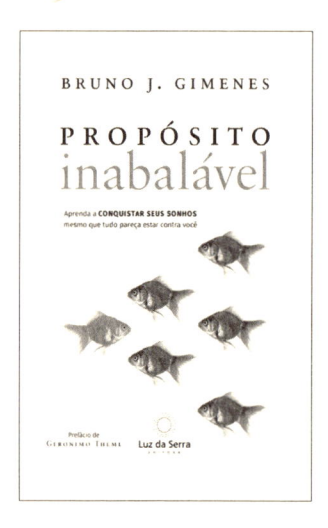

PROPÓSITO INABALÁVEL
Bruno J. Gimenes

A sua missão na Terra é constituída por inúmeros propósitos. Mas quantos deles morrem porque você desiste de realizá-los? Por qual motivo os seus sonhos ainda estão engavetados, esquecidos, abandonados? Saiba a razão pela qual os seus projetos ainda não saíram do papel, a causa de você ainda não ser o que nasceu para ser, o porquê de você ter se esquecido da sua missão ou ter se cansado no meio do caminho.

Páginas: 160
Formato: 16x23cm

PODER EXTRAFÍSICO
Bruno J. Gimenes e Patrícia Cândido

O seu sofá parece um Buraco Negro? Você já fez planos de chegar em casa, cuidar das suas coisas, estudar, fazer o que você gosta, mas seu sofá simplesmente lhe engole e você não tem forças para nada? Você é uma verdadeira "esponja" que absorve a energia das pessoas? Este livro vai revelar o segredo dos antigos iniciados para acabar com a exaustão mental, blindar sua aura de pessoas nocivas e limpar a energia da sua casa, em um método comprovado, simples e passo a passo.

Páginas: 224
Formato: 16x23cm

O CRIADOR DA REALIDADE
Bruno J. Gimenes e Patrícia Cândido

Você já possui a vida dos seus sonhos? Consegue materializar suas metas pessoais? Alguém já lhe disse que você é o único responsável pelos resultados que a vida lhe proporciona? O Criador da Realidade é uma obra que vai encher sua vida de prosperidade e possibilidades, pois oferece todas as informações que você precisa saber para transformar a sua vida em uma história de sucesso, em todos os sentidos: saúde, relacionamentos, dinheiro, paz de espírito, trabalho e muito mais.

Páginas: 128
Formato: 14x21cm

Transformação pessoal, crescimento contínuo, aprendizado com equilíbrio e consciência elevada.

Essas palavras fazem sentido para você?

Se você busca a sua evolução espiritual, acesse os nossos sites e redes sociais:

iniciados.com.br
luzdaserra.com.br
luzdaserraeditora.com.br

luzdaserraonline
editoraluzdaserra

luzdaserraeditora

luzdaserra

Luz da Serra
EDITORA

Avenida 15 de Novembro, 785 – Centro
Nova Petrópolis / RS – CEP 95150-000
Fone: (54) 3281-4399 / (54) 99113-7657
E-mail: editora@luzdaserra.com.br